务实求精 品牌至上

广东经济出版社成立二十周年庆

1995年12月25日至2015年12月25日

广东经济出版社 编

20周年

SPM
南方出版传媒
广东经济出版社
·广州·

图书在版编目（CIP）数据

务实求精　品牌至上　：广东经济出版社成立二十周年庆　/
广东经济出版社编. — 广州：广东经济出版社，2016.01
ISBN 978-7-5454-4332-5

Ⅰ. ①务…　Ⅱ. ①广…　Ⅲ. ①出版社－概况－广州市
Ⅳ. ①G239.22

中国版本图书馆CIP数据核字(2015)第291884号

出 版 人：姚丹林
责任编辑：林祎珊　王成刚
责任技编：许伟斌
装帧设计：友间文化

务实求精　品牌至上——广东经济出版社成立二十周年庆
Wushiqiujing Pinpaizhishang——Guangdong Jingji Chubanshe Chengli Ershi Zhounianqing

出版 发行	广东经济出版社（广州市环市东路水荫路11号11～12楼）
经销	全国新华书店
印刷	广州岭美彩印有限公司 （广州市荔湾区花地大道南海南工商贸易区A幢　邮政编码：510385）
开本	889毫米×1194毫米　1/16
印张	14.5　2 插页
字数	180 000字
版次	2016年1月第1版
印次	2016年1月第1次
书号	ISBN 978-7-5454-4332-5
定价	88.00元

如发现印装质量问题，影响阅读，请与承印厂联系调换。
发行部地址：广州市环市东路水荫路 11 号 11 楼
电话：(020) 37601950　邮政编码：510075
邮购地址：广州市环市东路水荫路 11 号 11 楼
电话：(020) 37601980　营销网址：http://www.gebook.com
广东经济出版社新浪官方微搏：http://e.weibo.com/gebook
广东经济出版社常年法律顾问　何剑桥律师

目录

寄语

值广东经济出版社成立二十周年之际，社会各届人士纷纷寄语表示祝贺。感谢社会各届的关心与支持，感恩有你们，因为有你们，我们才能更快、更好地发展！

厉以宁，祖籍江苏仪征，1930年11月出生于南京。1955年毕业于北京大学经济系。毕业后留校工作。现任北京大学社会科学学部主任、北京大学光华管理学院名誉院长、全国政协第十一届常委、全国政协经济委员会副主任。

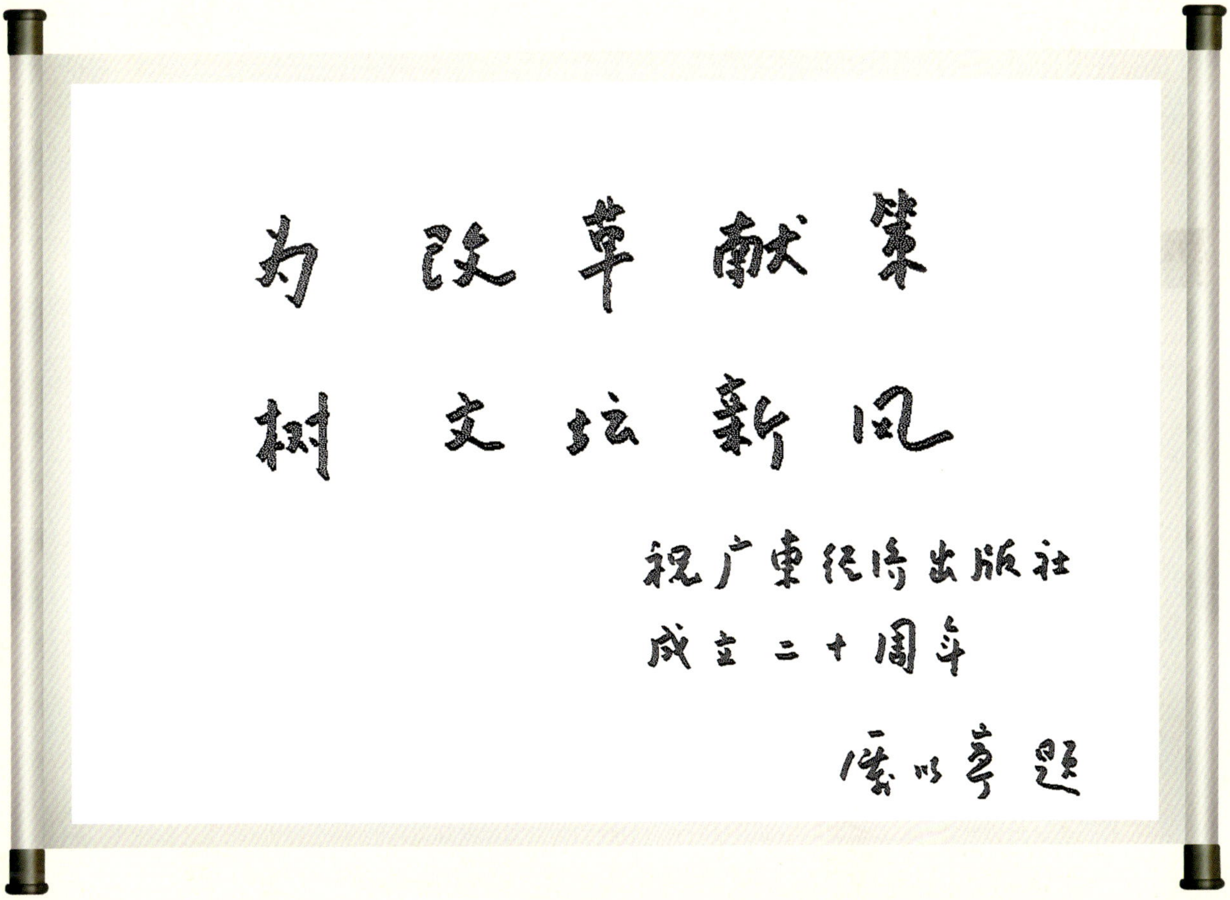

吴敬琏，国务院发展研究中心研究员、国务院发展研究中心市场经济研究所名誉所长、国务院发展研究中心学术委员会副主任。1984—1992年，连续五次获得中国“孙冶方经济科学奖”。2003年获得国际管理学会“杰出成就奖”；2005年荣获首届“中国经济学奖杰出贡献奖”。

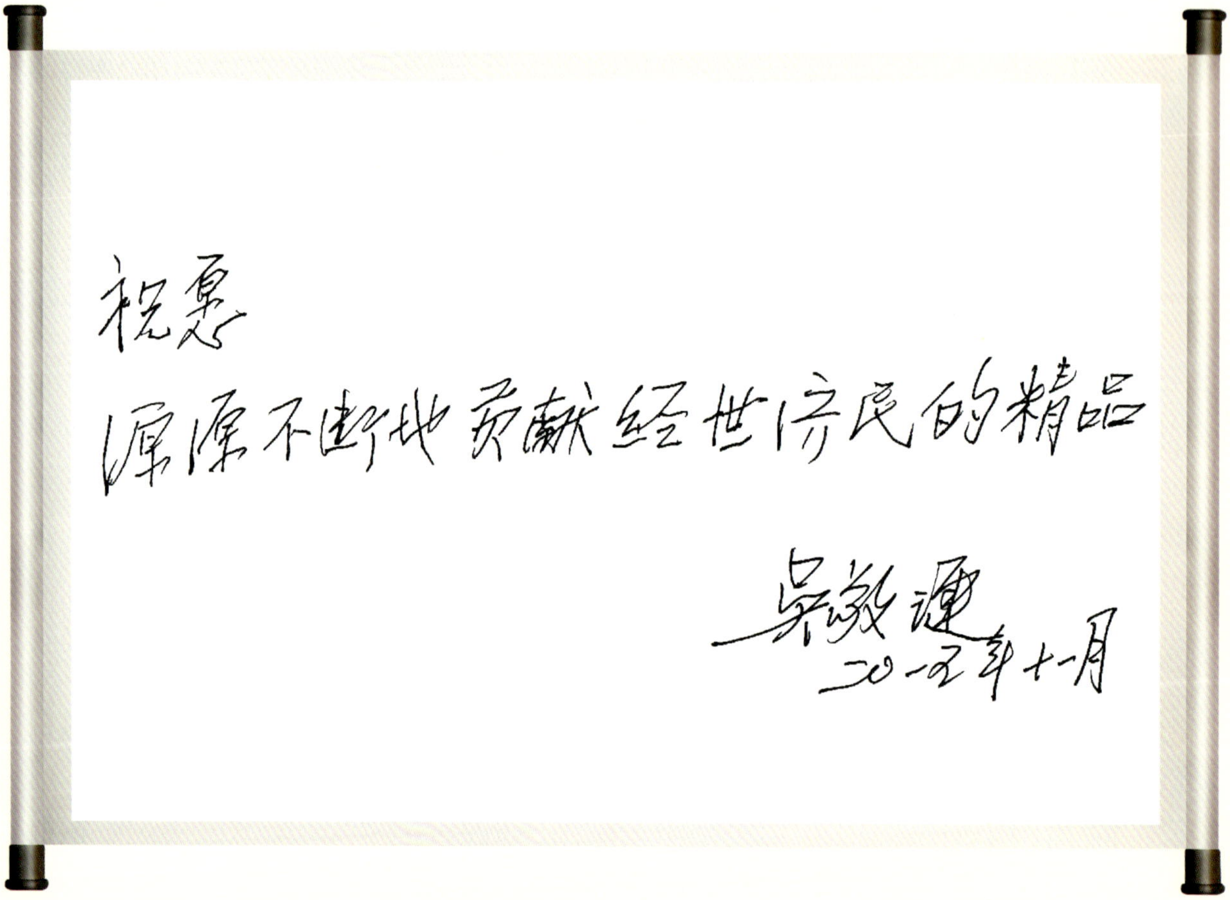

张卓元，中国当代经济学家，中国社会科学院经济研究所研究员、所长，博士生指导教师，国务院学位委员会、经济学学科评议组成员，中国价格学会、中国物资流通学会、中国成本研究会、中国城市经济学会、中国财政学会副会长，孙冶方经济科学基金会秘书长。

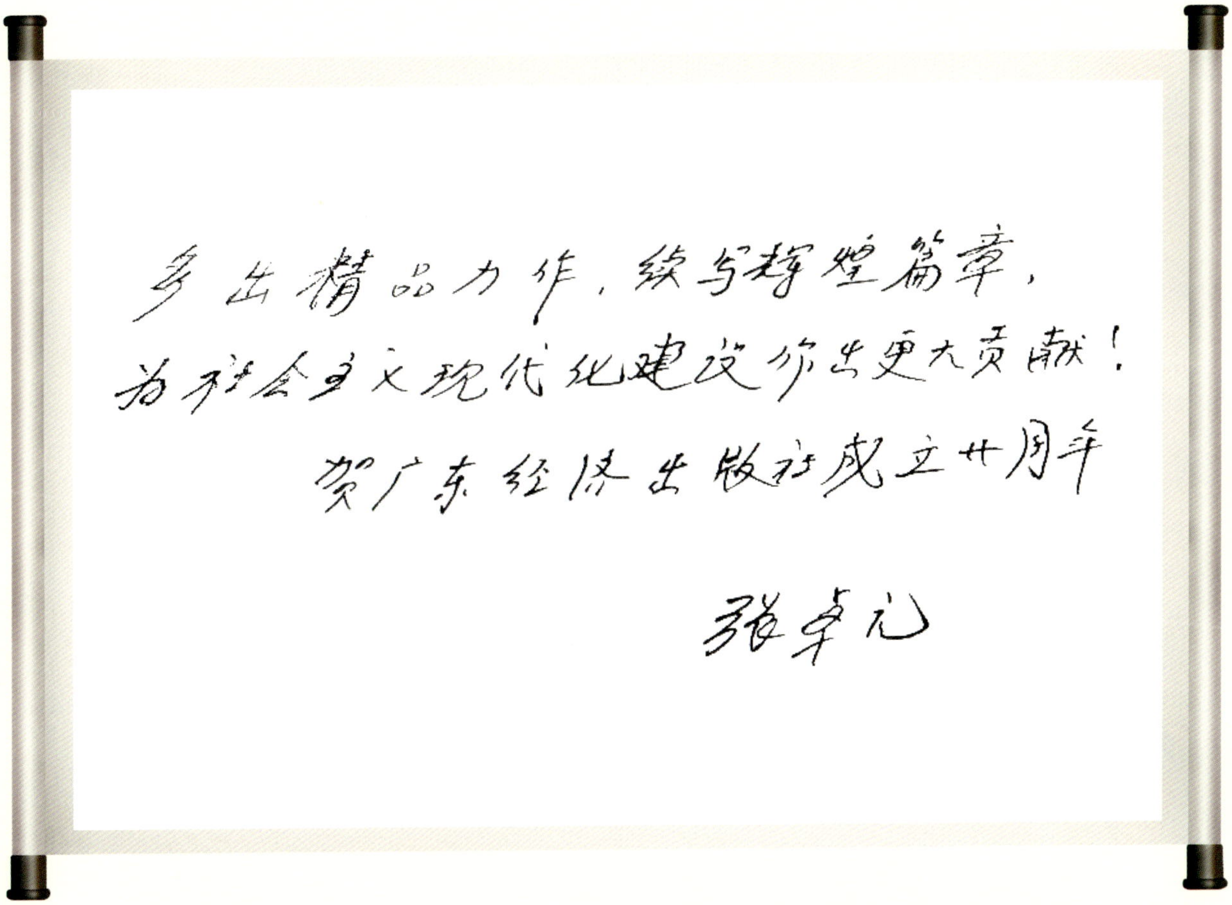

金碚，1950年出生于上海，籍贯为江苏吴江。中国社会科学院学部委员，中国社会科学院研究生院教授委员会执行委员，工业经济系主任、教授、博士生导师。中国社会科学院工业经济研究所研究员，中国经营报社社长。1982年获法学学士，1984年获经济学硕士，1989年获经济学博士。在产业经济学和企业理论等研究领域建树颇多。

贺广东经济出版社社庆：

二十年步步走高
新征程蒸蒸日上

金碚

高培勇，中国社会科学院学部委员。中国社会科学院财经战略研究院院长兼党委书记、教授、博士生导师；中国社会科学院研究生院财贸经济系主任、中国社会科学院研究生院教授委员会经济学部执行委员。兼任国务院学位委员会学科评议组成员、国务院关税税则委员会专家咨询委员会委员、中国国际税收研究会副会长等多种社会职务以及二十余所高等学校特聘或兼职教授。

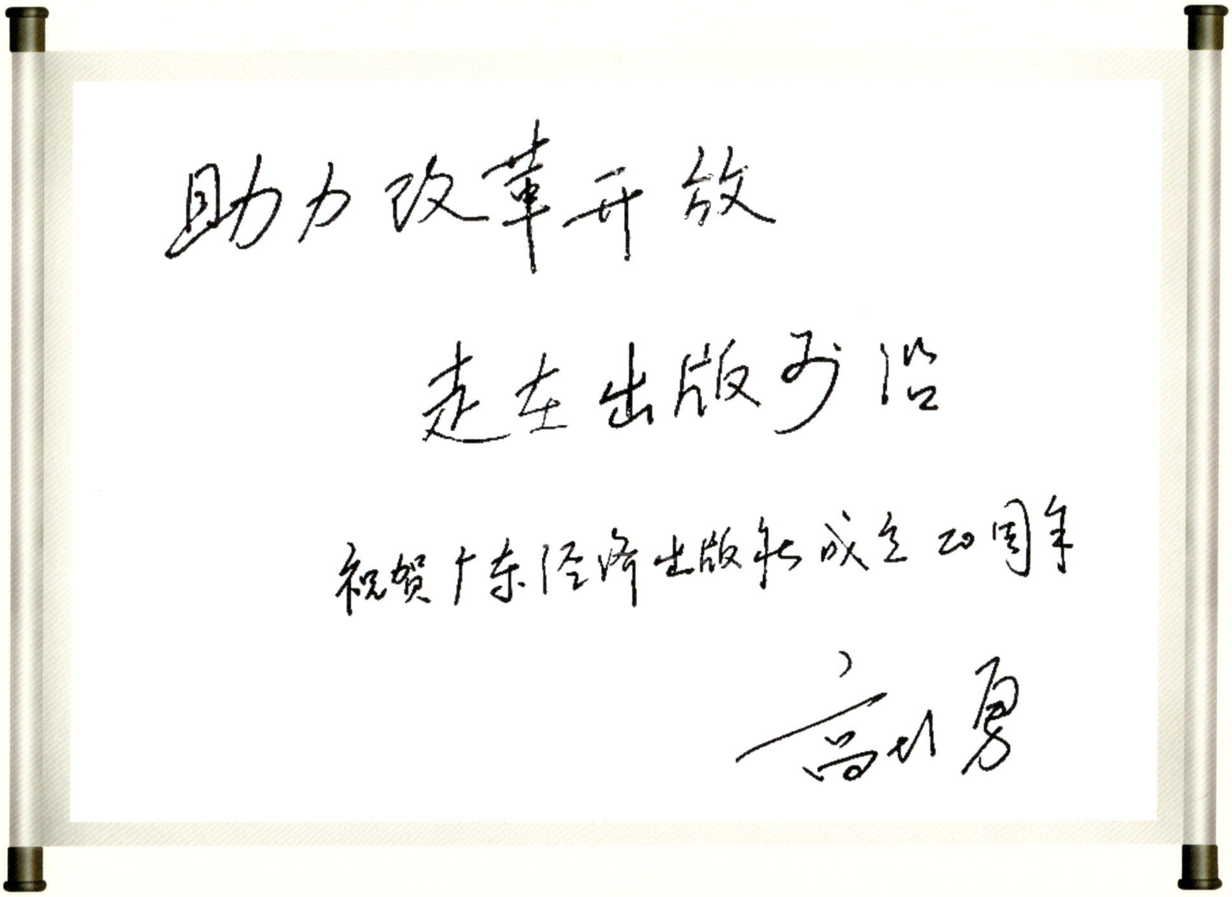

黄群慧，中国社会科学院工业经济研究所所长、研究员、博士生导师，兼任中国企业管理研究会常务副理事长，中国社会科学院管理科学研究中心副主任。其成果曾获第十二届孙冶方经济科学奖、第二届蒋一苇企业改革与发展学术基金优秀专著奖、第三届蒋一苇企业改革与发展学术基金优秀论文奖、第十四届国家图书奖和中国社会科学院优秀科研成果三等奖等。

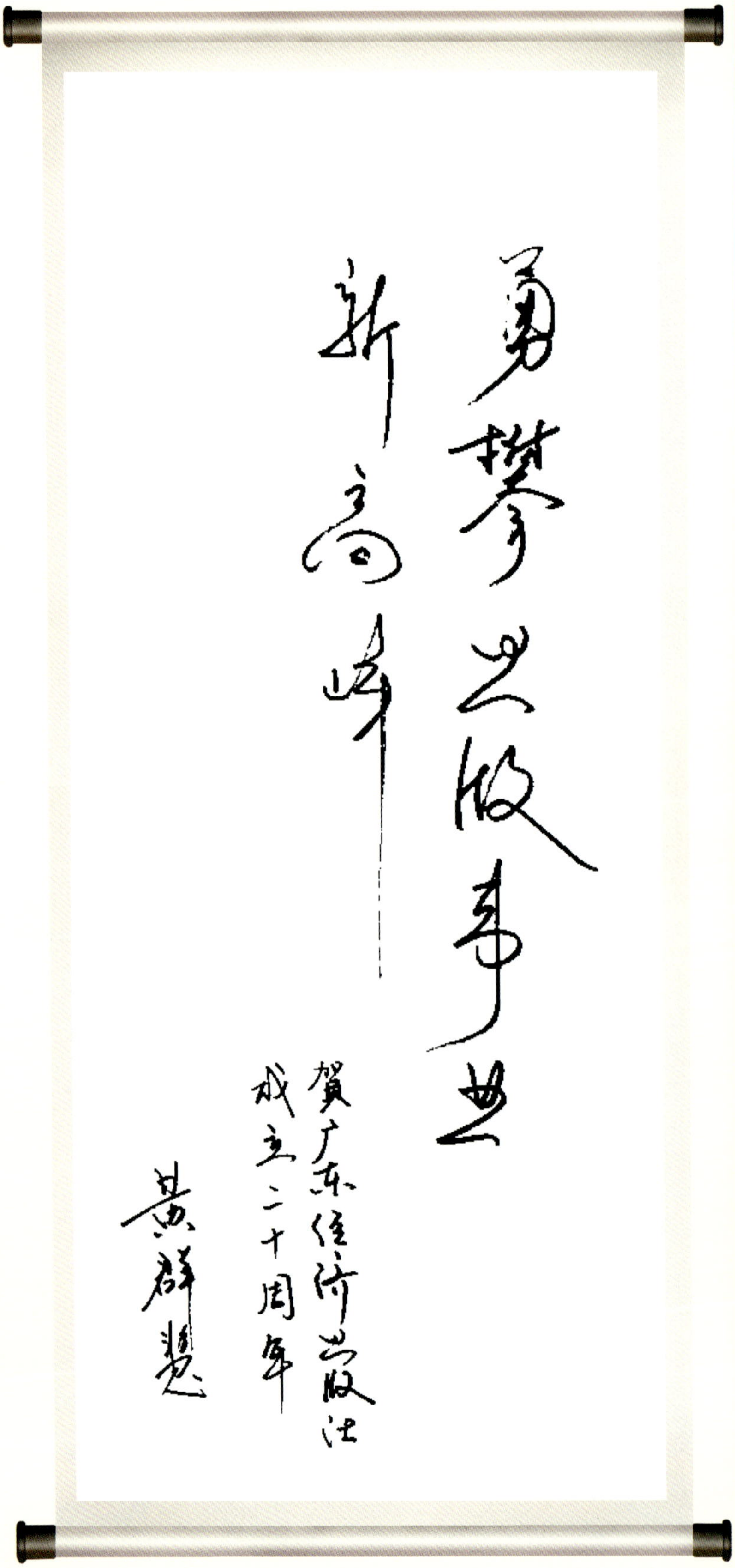

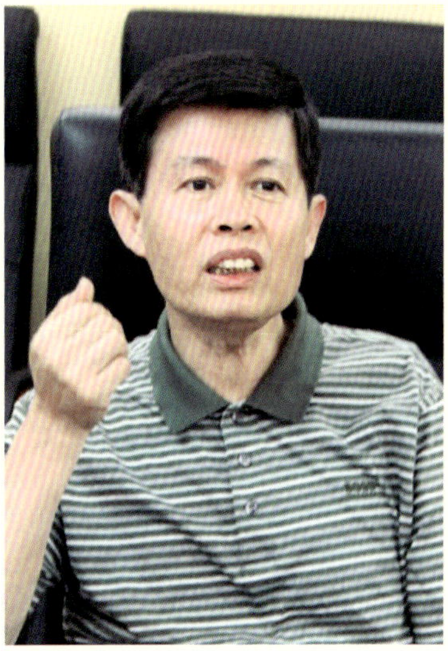

郭克莎，国务院研究室宏观司司长、研究员，中国社科院经济学博士发展研究中心副主任，中国物流与采购联合会常务理事，参与过1999年度、2000年度、2001年度、2002年度中央经济工作会议及《政府工作报告》的起草工作。

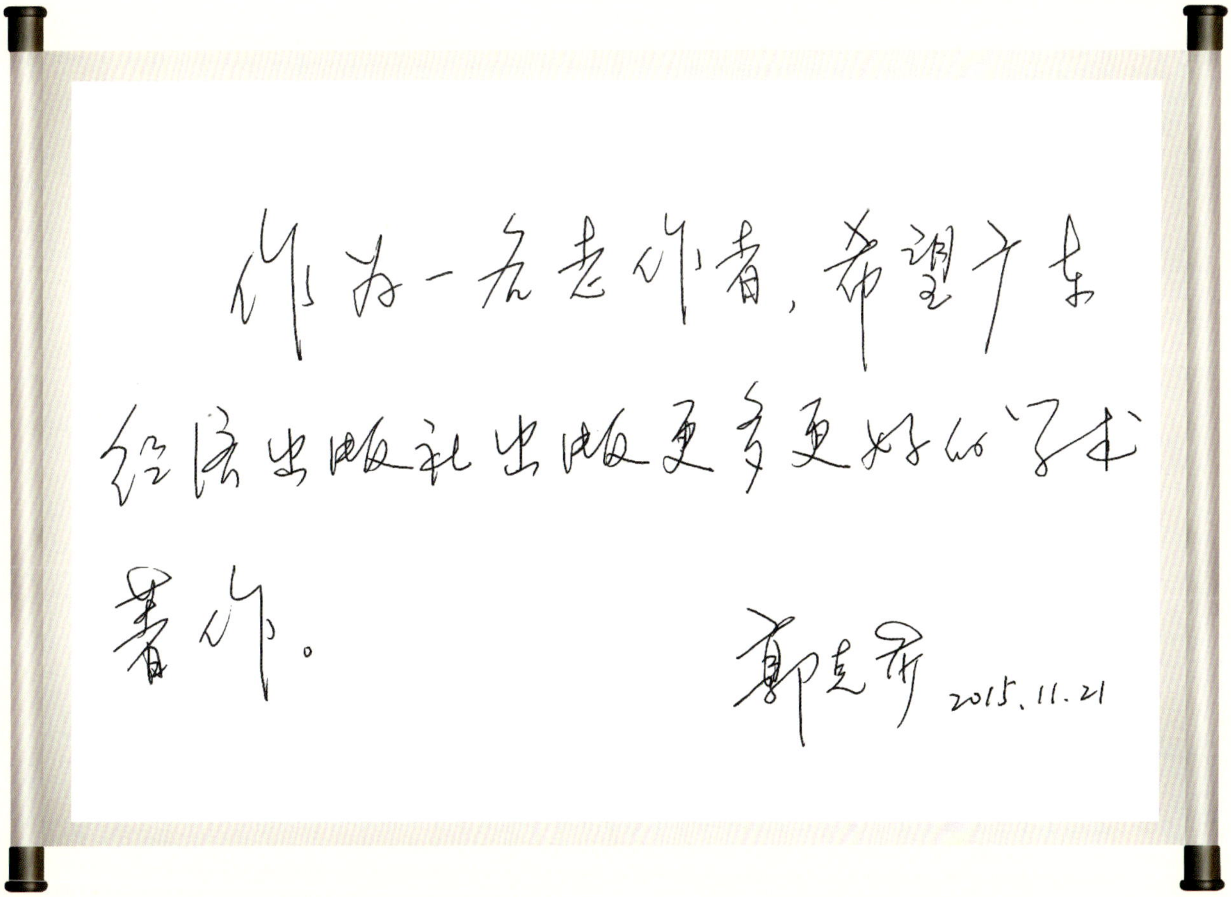

周叔莲，1929年出生。中国社会科学院研究生院学部委员，著名经济学家。中国社会科学院工业经济研究所研究员，中国社会科学院研究生院教授、博士生导师，中国工业经济联合会顾问，中国企业管理研究会顾问。

祝贺广东经济出版社20年社庆：
愿你们多出好书，越出越好。

周叔莲
2015.9.26.

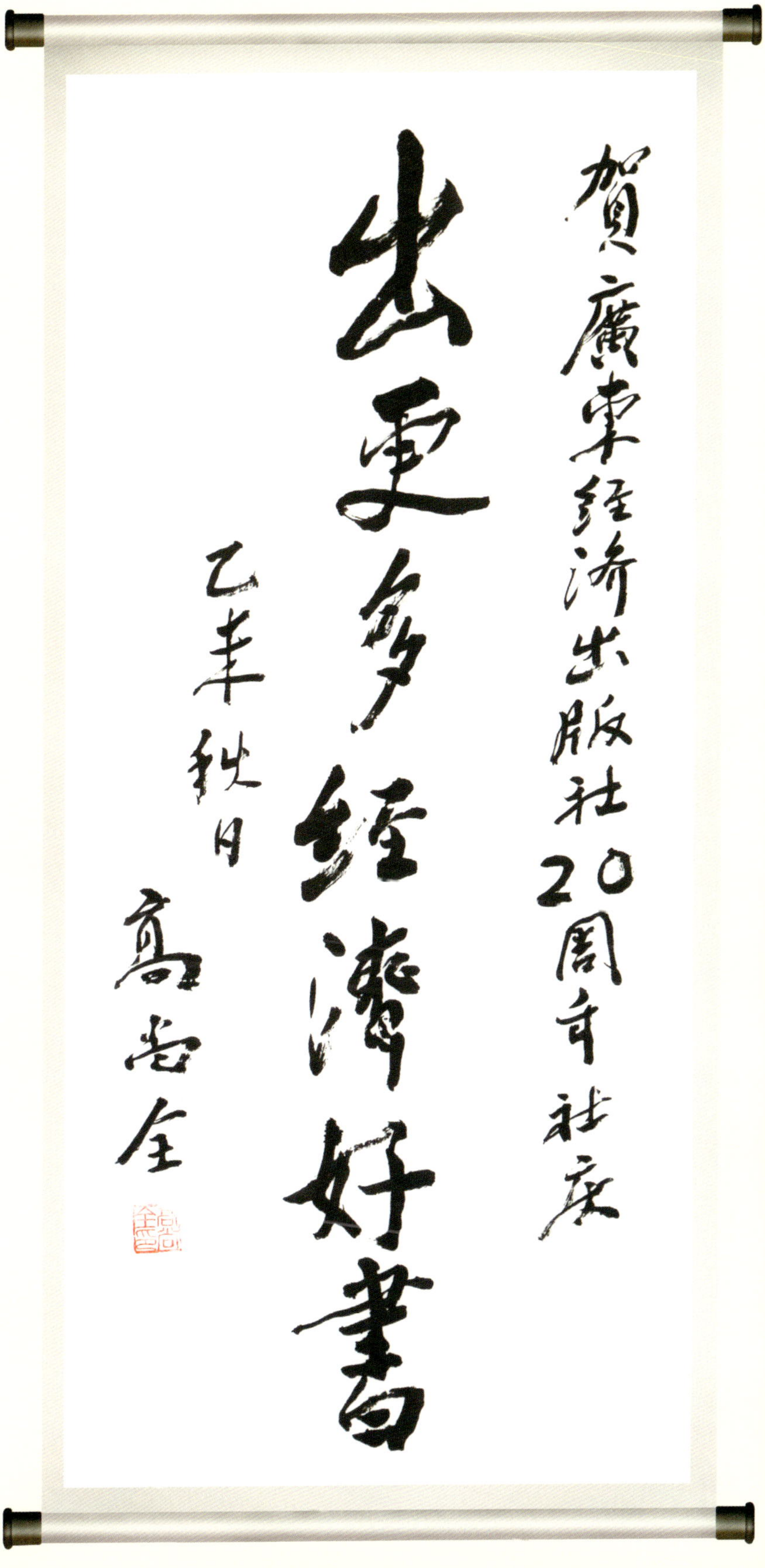

高尚全，1929年出生，上海嘉定人。教授，高级研究员，高级经济师。联合国发展政策委员会委员，中国经济体制改革研究会会长，中国企业改革与发展研究会会长，长期从事政策研究工作。

刘世锦，1955年1月出生。研究员、博士生导师。曾任国务院发展研究中心副主任，现任中国发展改革研究基金会副理事长、中改院学术委员会副主任。长期以来致力于经济理论和政策问题研究，曾多次获得全国性学术奖励。

新常态下推动中国经济学上台阶、大发展

刘世锦

2015.10.31.

魏礼群，1944年出生。中改院董事局主席，中国行政体制改革研究会会长。长期从事国家宏观政策研究和公共管理、社会治理等领域的研究工作。曾先后担任原国家计委政策研究室主任、国家计委秘书长、中央财经领导小组办公室副主任、国务院研究室主任等职。参加或主持过党中央、国务院大量重要文件和党中央、国务院领导重要讲话的起草工作，负责或参与过大量推进中国改革开放和现代化建设的重大课题研究，取得了一大批对国家决策有重要价值的科研、咨询成果。

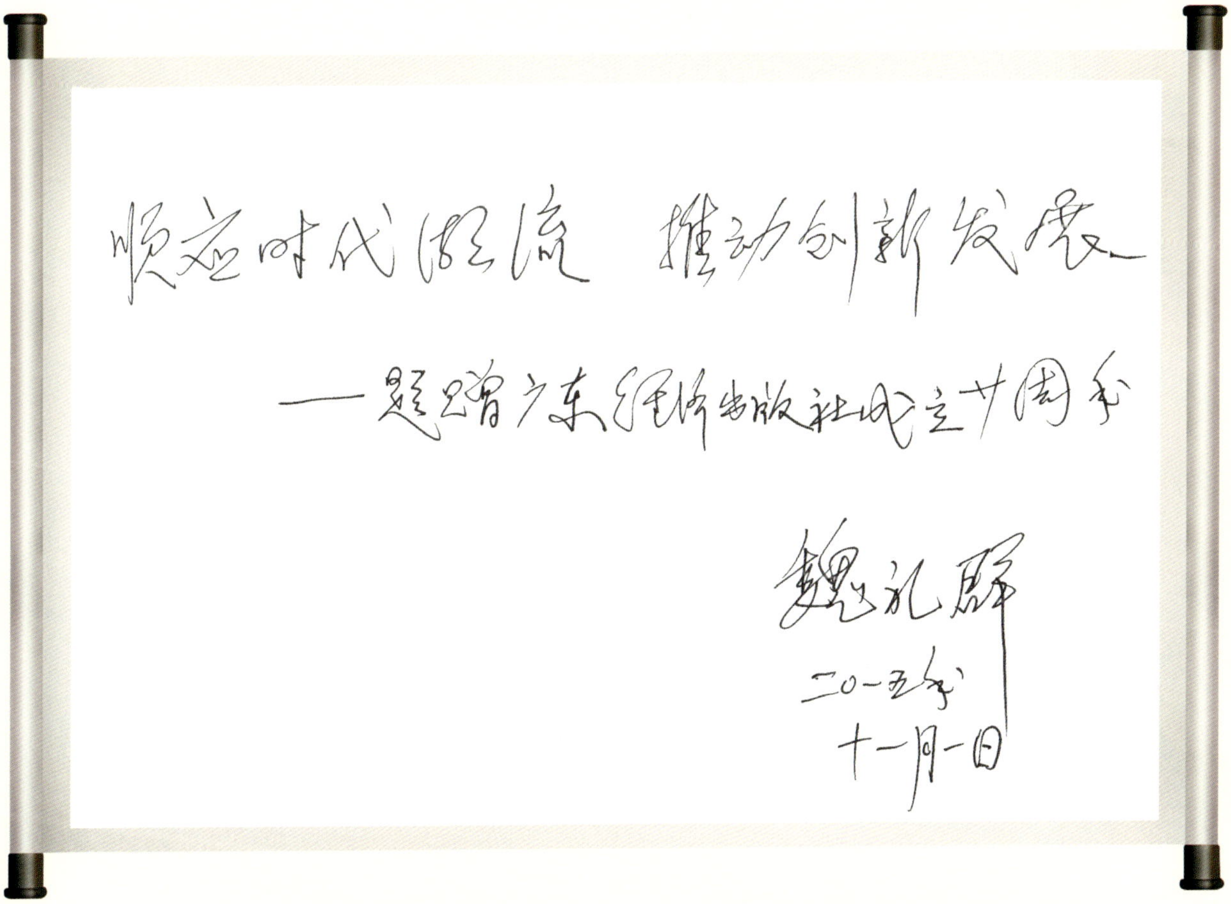

迟福林，1951年出生。研究员、博士生导师。现任中国（海南）改革发展研究院院长、院董事局执行主席，兼任中国行政体制改革研究会副会长、中国经济体制改革研究会副会长。多年来致力于经济转轨理论与实践研究，提交了百余份政策建议报告，在决策和实践层面产生了积极的影响。

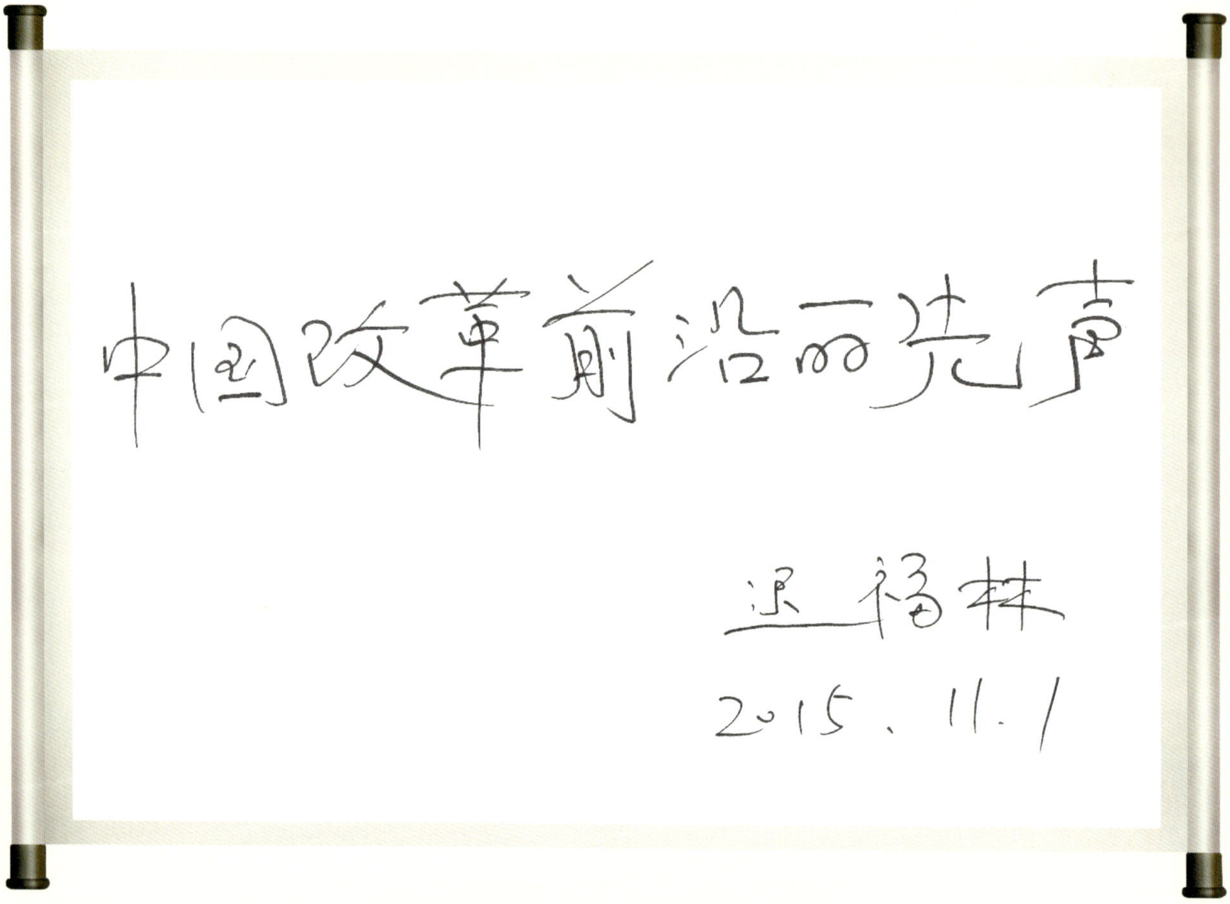

李晓西，经济学教授，国务院特殊津贴专家。教育部社会科学委员会经济学部召集人；首都科技发展战略研究院院长；北京师范大学学术委员会副主任，经济与资源管理研究院名誉院长；中国社会科学院研究生院教授、博士生导师。曾任国务院研究室宏观经济研究司司长。

上联：回首一世纪革命风云多源起南方之先贤同盟会

下联：细数20春秋改革之声常载於广东经济出版社

横批：前瞻贵地杰人灵

谨此祝贺广东经济出版社诞辰廿年

感谢贵社多年对本人学术研究之支持

京师老牛：李晓西

2015.11.21于北京

郑新立，1945年出生。经济学硕士，研究员，中共中央政策研究室副主任，中国民生研究院高级顾问，主要研究领域为宏观经济理论与政策。多次参加中共中央全会、《政府工作报告》和国家五年发展规（计）划的起草工作。

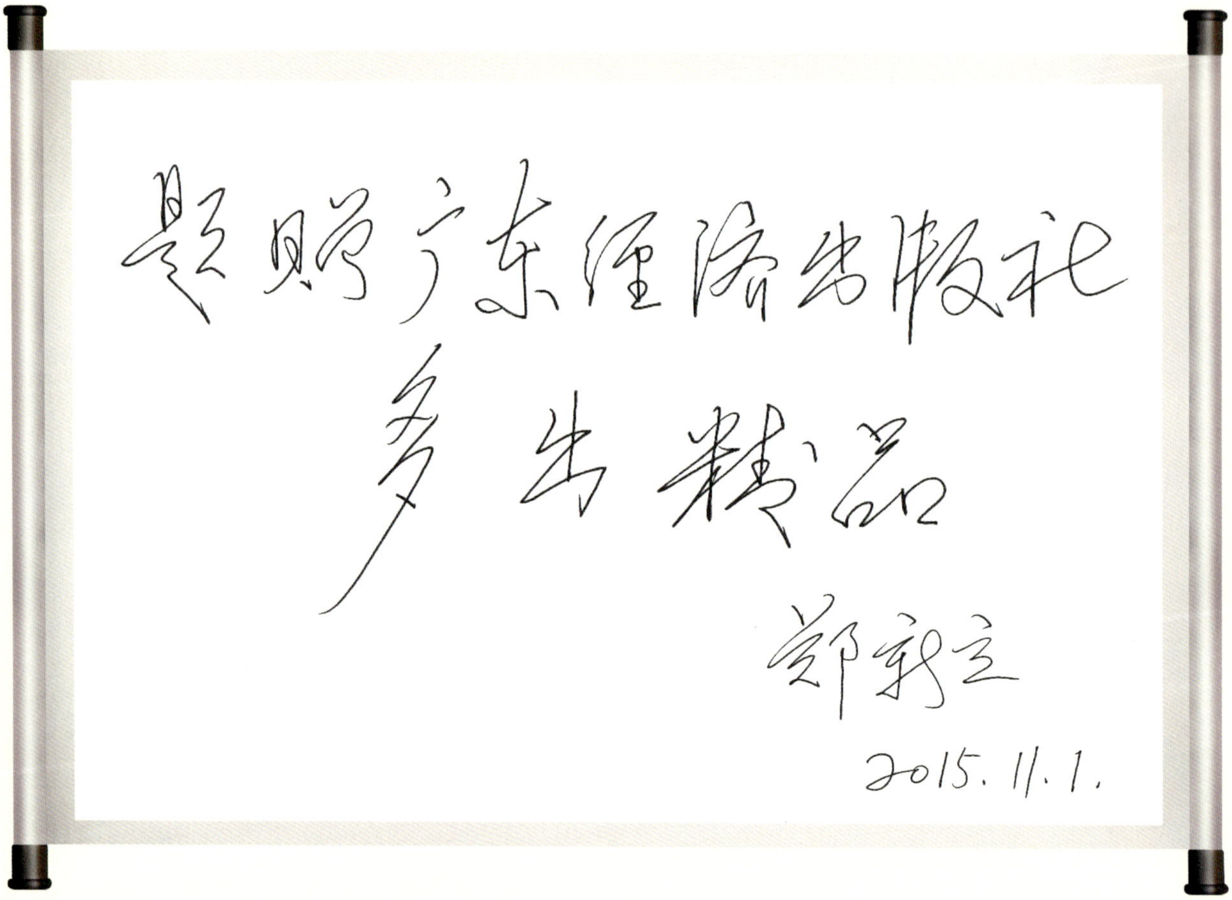

宋晓梧，1947年出生。博士生导师，中国经济体制改革研究会顾问，享受国务院特殊津贴专家。曾任国家发展和改革委员会党组成员兼宏观经济研究院院长，国务院经济体制改革办公室党组成员兼秘书长、机关党委书记、宏观体制司司长，中国经济体制改革研究会会长等职。长期从事经济理论研究与改革的实践，在企业改革和劳动体制改革、社会保障体制改革方面撰写了很多有理论创新和应用价值的论著和文章。

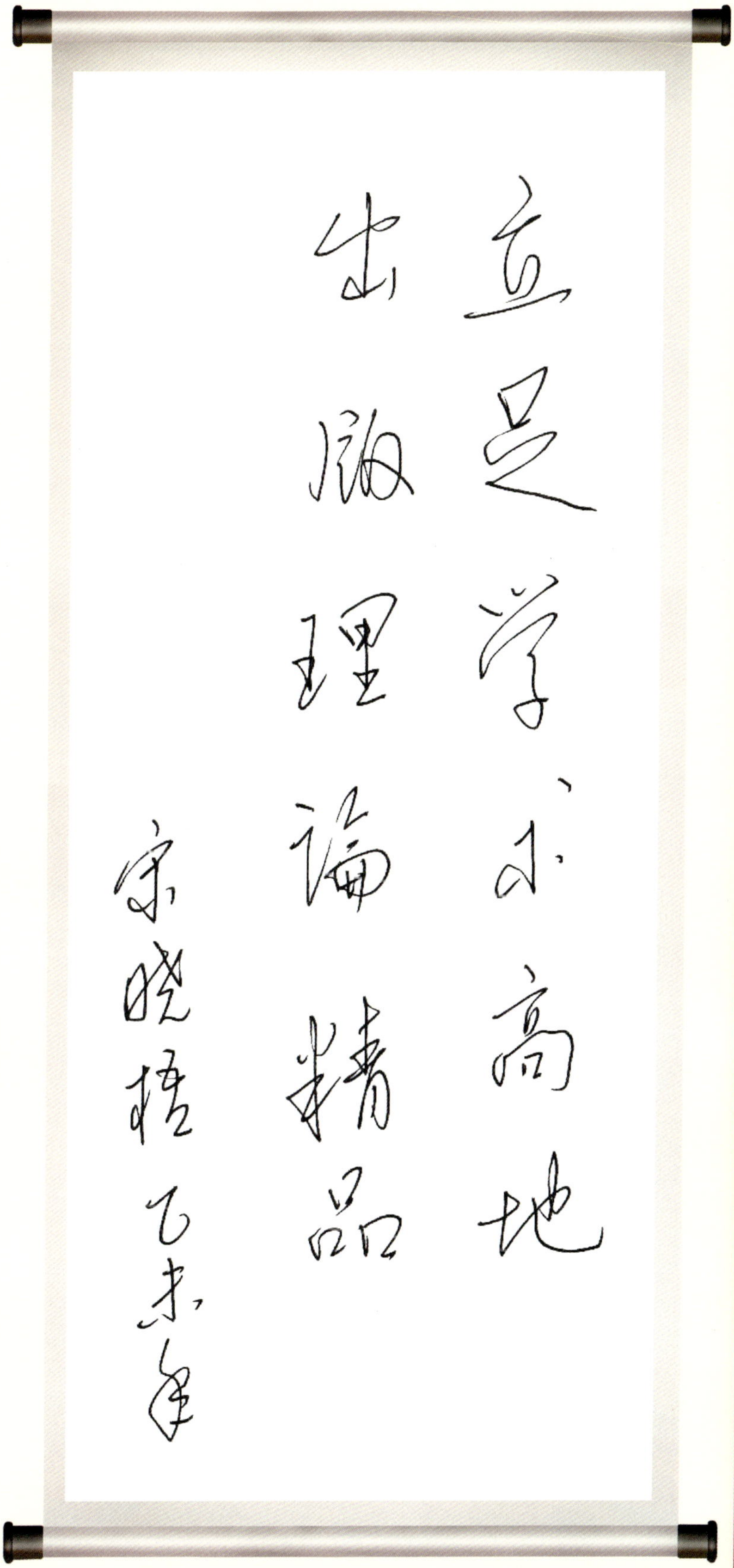

常修泽，1945年出生。著名经济学家，国家发展和改革委员会宏观经济研究院教授，中改院学术委员会委员，博士生导师，清华大学中国经济研究中心研究员。长期致力于制度经济学领域人的发展理论、广义产权理论和中国转型理论的研究。

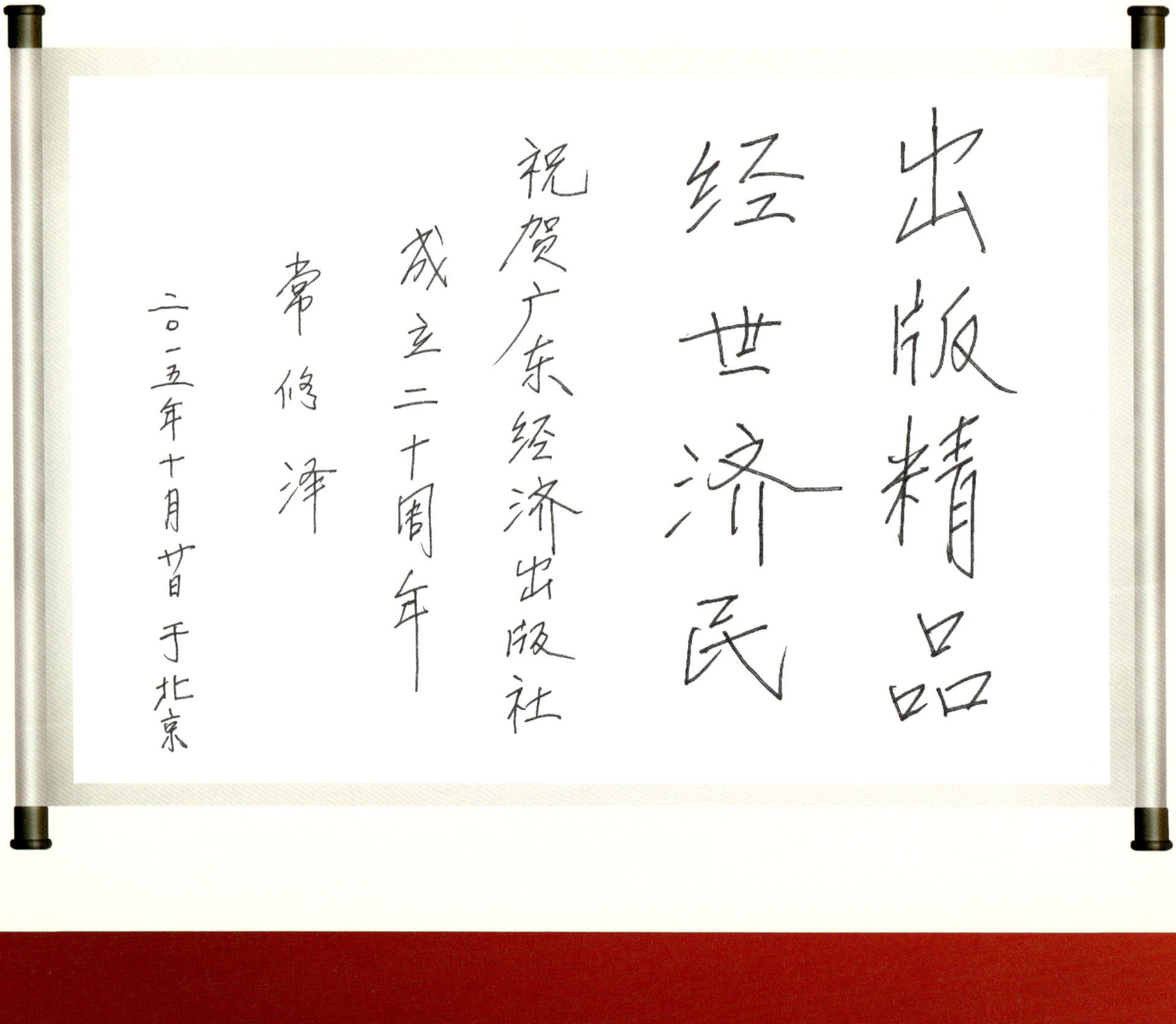

刘伟，经济学博士，教授，博士生导师，现任中国人民大学校长。兼任国务院学位委员会委员、学科评议组理论经济学委员，教育部学科发展与专业设置专家委员会副主任。获得多项学术奖励，主要包括两次获“孙冶方经济学著作奖（1994年、1996年），获教育部人文社会科学经济学一等奖（第六届）、二等奖（第二、三届），获北京市哲学社会科学成果一等奖（第四、七、十一届），获全国首届青年社会科学成果一等奖（1995年）等。

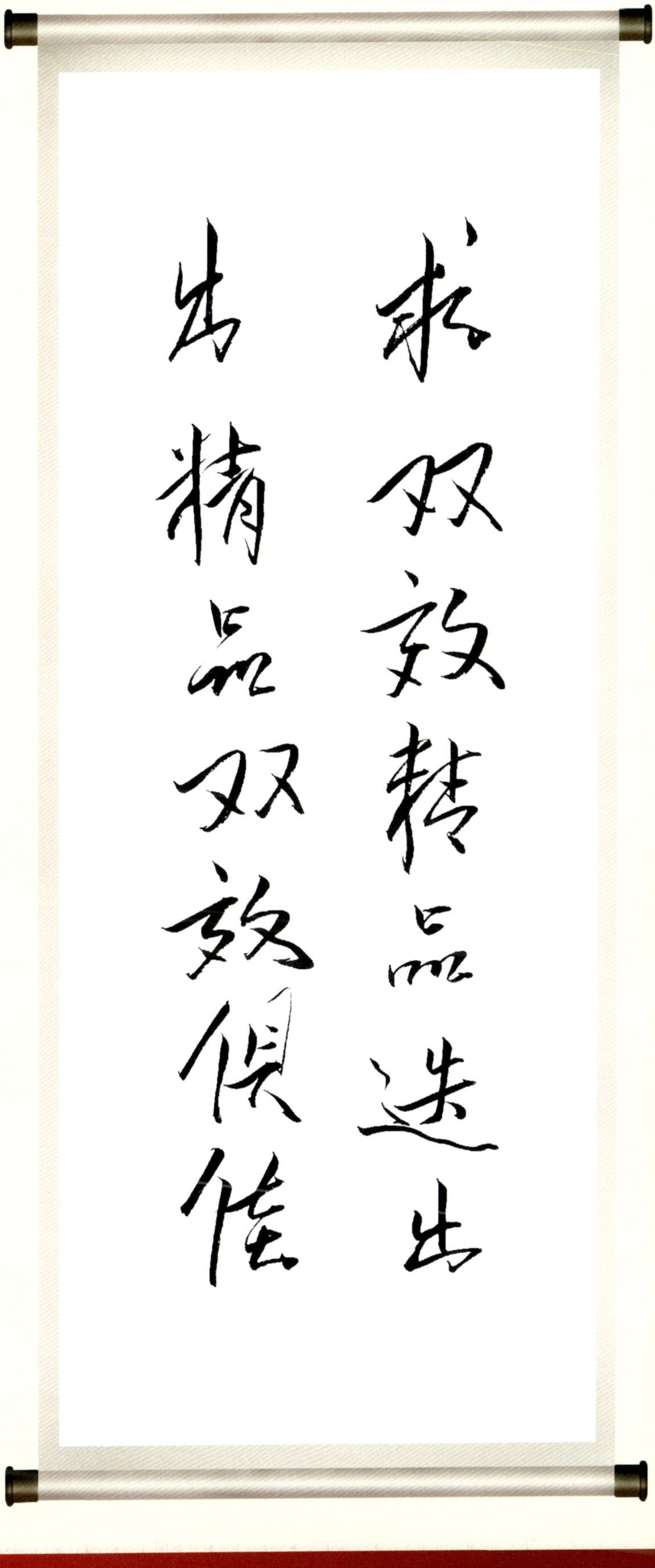

李平，1959年6月出生。1989年毕业于中国社会科学院研究生院数量经济与技术经济系。经济学硕士，研究员。现任中国社会科学院数量经济与技术经济研究所所长、中国社会科学院项目评估与战略规划研究咨询中心副主任、中国数量经济学会理事长，院重点学科技术经济学学科负责人和学科带头人。研究领域主要集中在战略规划、投资决策、项目评估和企业战略研究及管理咨询等方面。

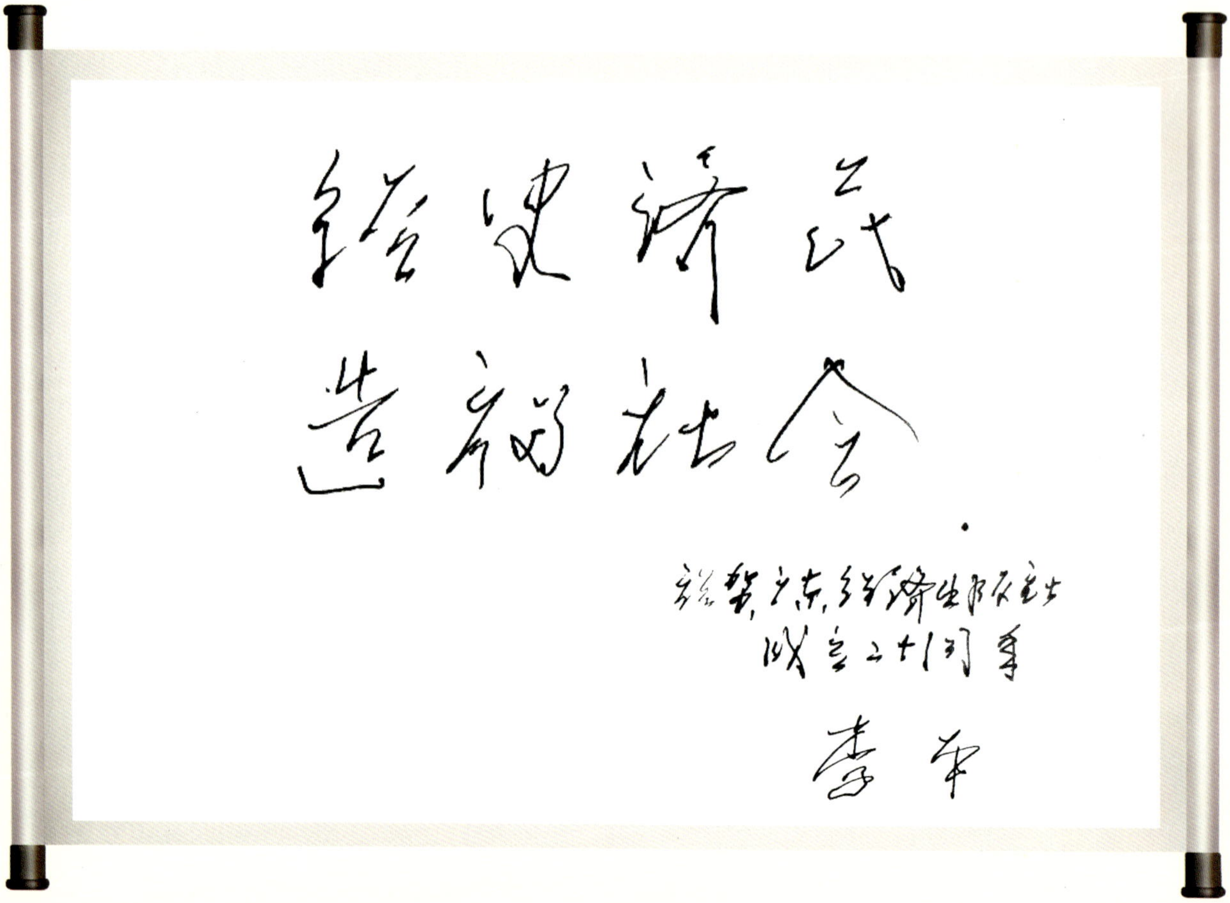

王振中，1949年出生。经济学博士，中国社会科学院经济研究所原副所长、研究员，国务院颁发的政府特殊津贴获得者。主要研究领域为国际投资与贸易、政治经济学。

祝贺广东经济出版社成立20周年

文化创业腾飞于世纪之交

企业体制转型于开放之潮

学术灵魂扎根于岭南之土

创新思想迸发于改革之乡

中国社会科学院经济研究所 研究员

王振中

2015年11月12日于北京

徐焰，国防大学技术二级教授、博士生导师，校军事思想和军事历史学科带头人，少将军衔。现兼任中国军事科学学会历史分会副秘书长，先后担任清华大学国际问题研究所兼职教授及中山大学、哈尔滨工程大学、四川大学等十几所高校的兼职教授；连续三次被评为国防大学杰出教授，且是“全军优秀教师”称号和“全军杰出科技人才奖”获得者。

广东经济出版社成立廿年贺

抚今追昔，倏忽廿年；白驹过隙，南国新颜。弘道民生国计，广智兴学于前；纵观沧海桑田，推出宏卷尽览。念建社旧事，垂之竹帛巍然；怀峥嵘畴昔，怅慨风雨如磐。

禹域变革新貌，夕阳几改江山。经济基础奠百业，如椽大笔书千篇。念历年勤作，阅今朝华章；令感佩由衷，更使命催唤。贯耳似闻鼙鼓，砥砺学海扬帆。立庙堂之高，指江湖以远；观周天变相，操大地棋盘；编撰堪为师表，学风更称谨严。三尺案牍尘与土，激励敬业报国之士；八千里路教和育，通议熔古烁今之谈。再观宏论春秋，书国富民饶始末；犹闻文中波澜，积慨叹忧思抚案。沐熏方出英才，高智可布星汉，文风代传永驻，正气长存浩然。

历二十载而观寰宇，全球一体化，信息织网联。况国力更赖财赋，科技夺鳌头，产业牛耳先。阔论政经体制，引进思维新观；敢拆叠床架屋，更移尸位素餐。通百物有无，看西风东渐；跃世界之林，居发后机先。贵社育人书卷起，雄才后昆擢千万。屡催宵旰勤施教，播得奇葩羊城环；遥祝再建新勋业，继往更开新篇章。献辞以为贺，一笔难尽言！

徐焰

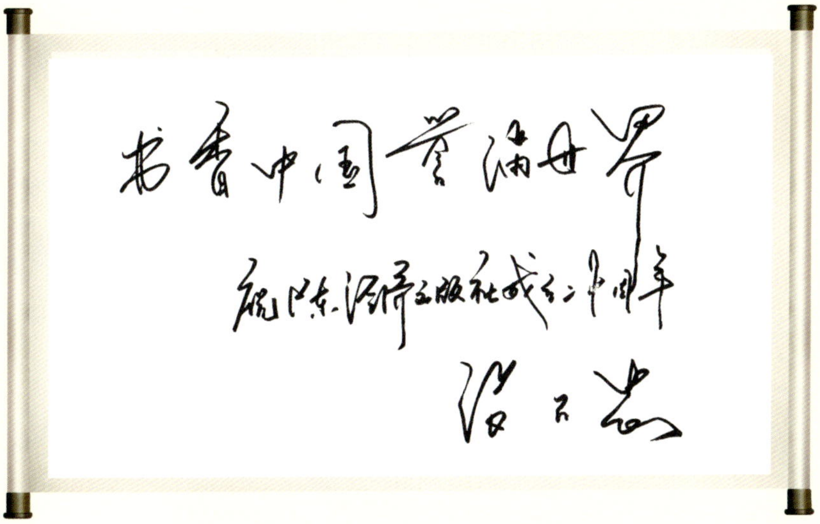

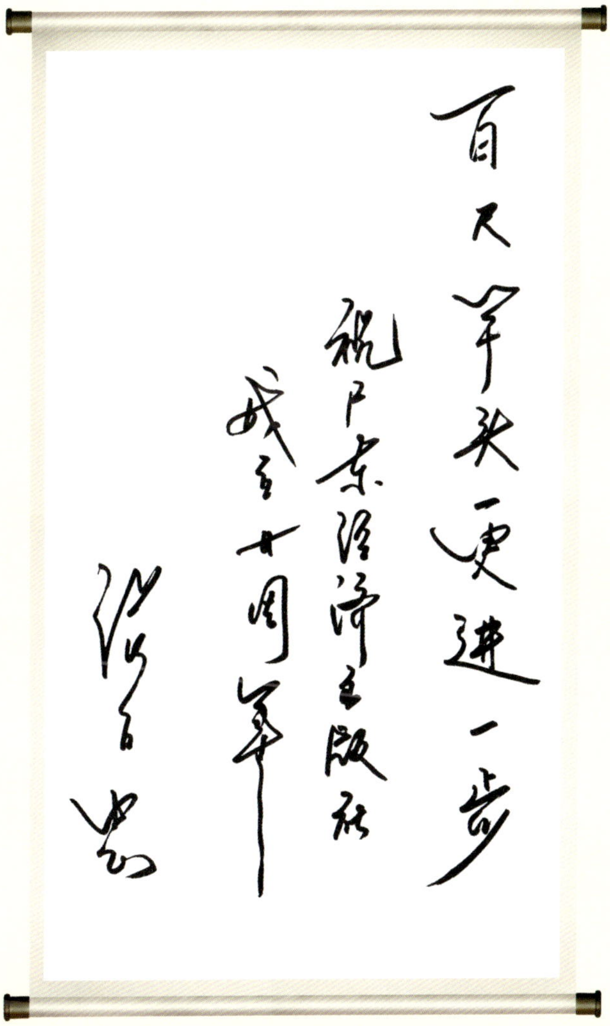

张召忠，1952年出生。著名军事理论家和军事评论家，国防大学教授，副军职，海军少将，军事战略学博士研究生导师，军事装备学学科带头人，中央电视台《今日关注》《防务新观察》等栏目特邀嘉宾。广东经济出版社“话说中国海洋”丛书军事板块主编，“海洋三部曲”（《走向深蓝》《百年航母》《规范海洋》）作者。

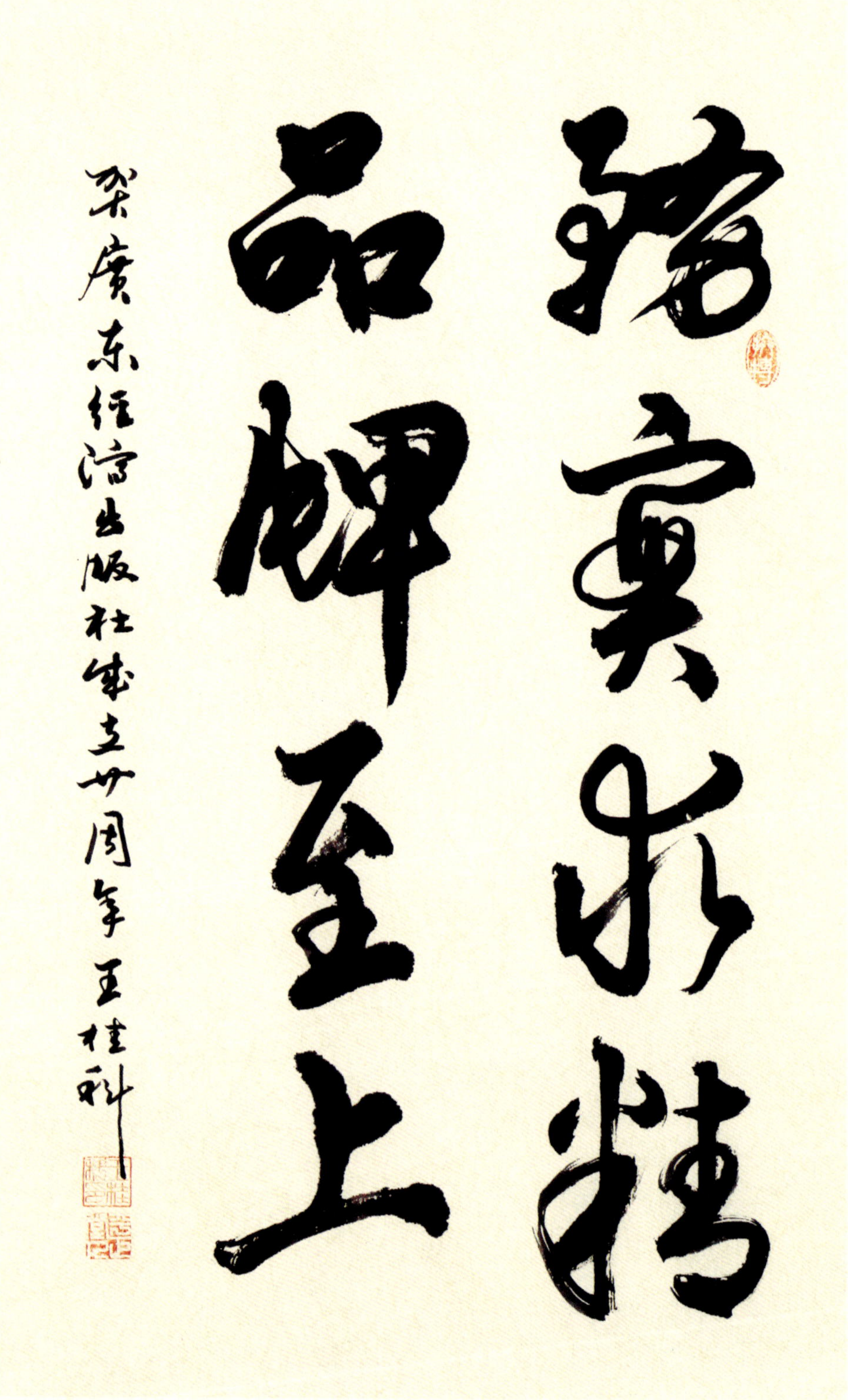

王桂科

广东省出版集团、南方出版传媒股份有限公司董事长

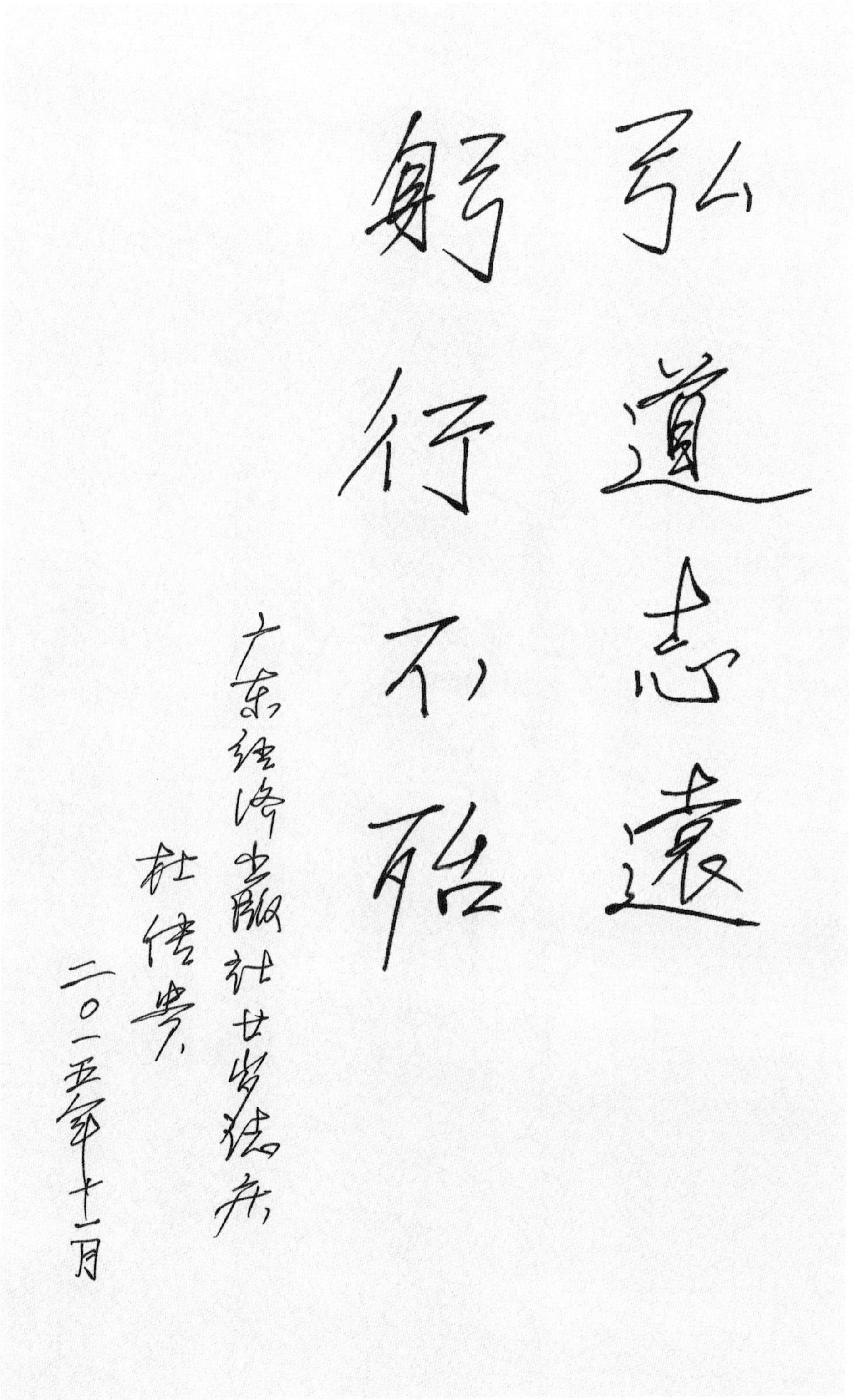

杜传贵

南方出版传媒股份有限公司总经理

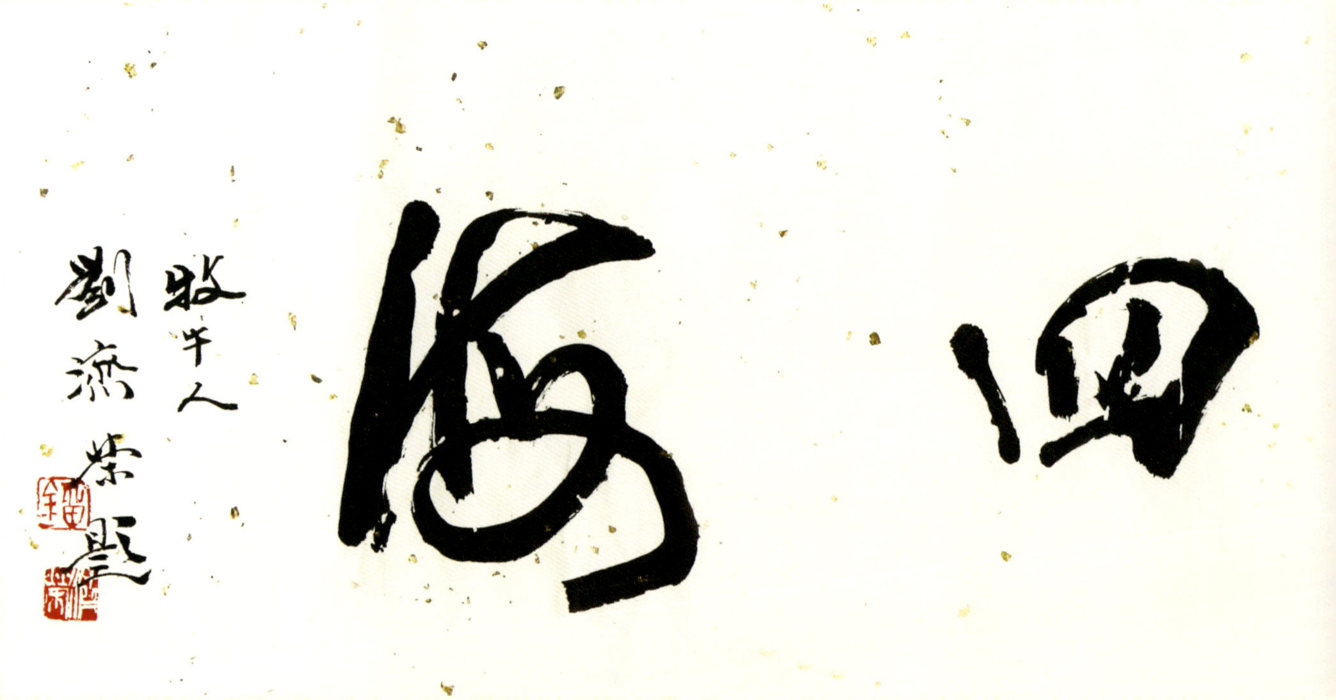

刘济荣

广州美术学院著名教授、中国美术家协会会员

（横幅书法）

136cm X 68cm

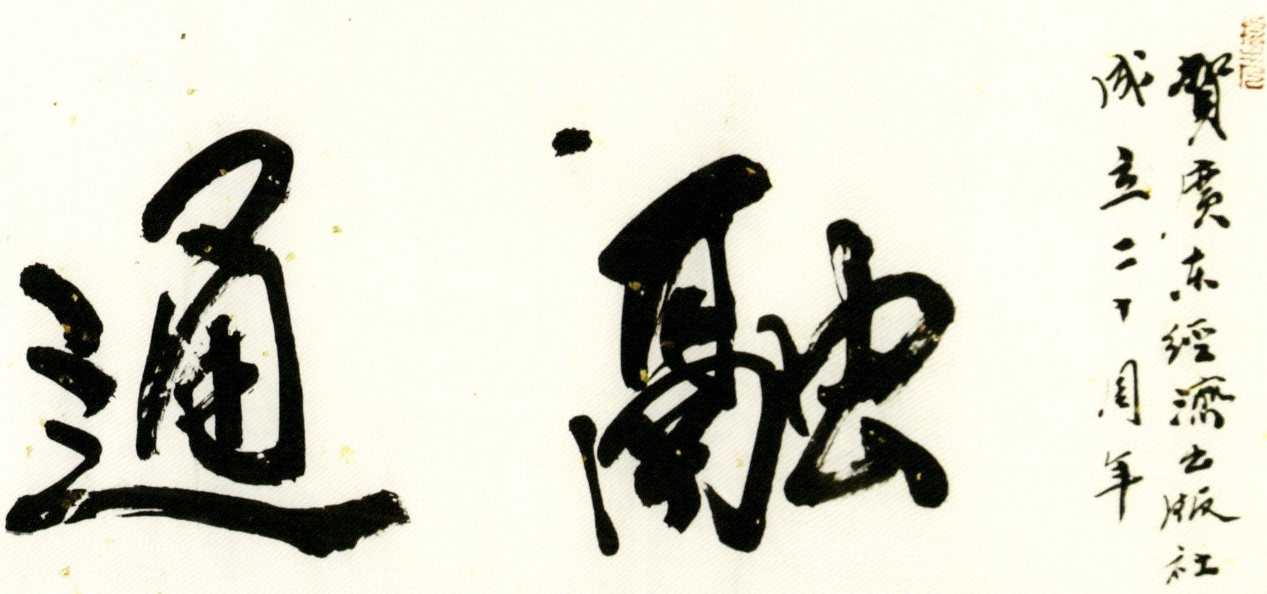
融通
賀廣东經濟出版社
成立二十周年

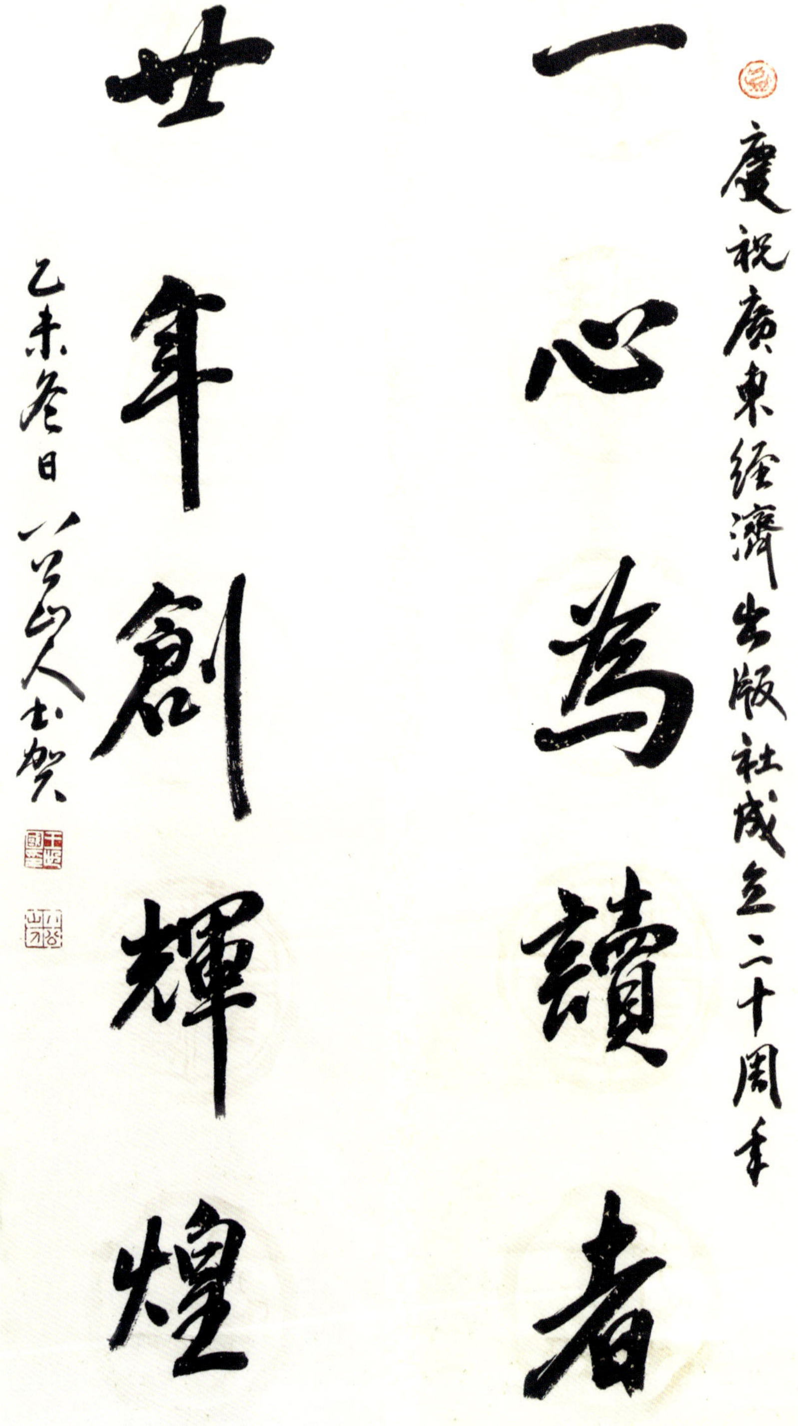

王世国

中国书法家协会会员
广东书法评论家协会主席
（书法对联）
136cm X 68cm X2

刘思东

广州市美术家协会副主席、中国美术家协会会员

《春暖花开》（中国画）

68cmX 68cm

张铁威

广州市美术家协会花鸟画协会秘书长、广东省美术家协会会员

《春风得意》（中国画）

136cm X 68cm

陈天硕

暨南大学艺术学院副教授
广东省美术家协会会员
《花鸟》（中国画）
68cm X 45cm

陈汉基

广东省美术家协会会员
《金玉满堂》（中国画）
68cmX 68cm

杨乾明

广州航海学院艺术系教授
广东省美术家协会会员
《达摩渡海图》（中国画）
136cm X 68cm

刘向上

广东岭南美术院副院长

《满山春色》（中国画）

68cm X38cm

李彩群

广东青年美术家协会会员

《花开富贵》（中国画）

68cmX 68cm

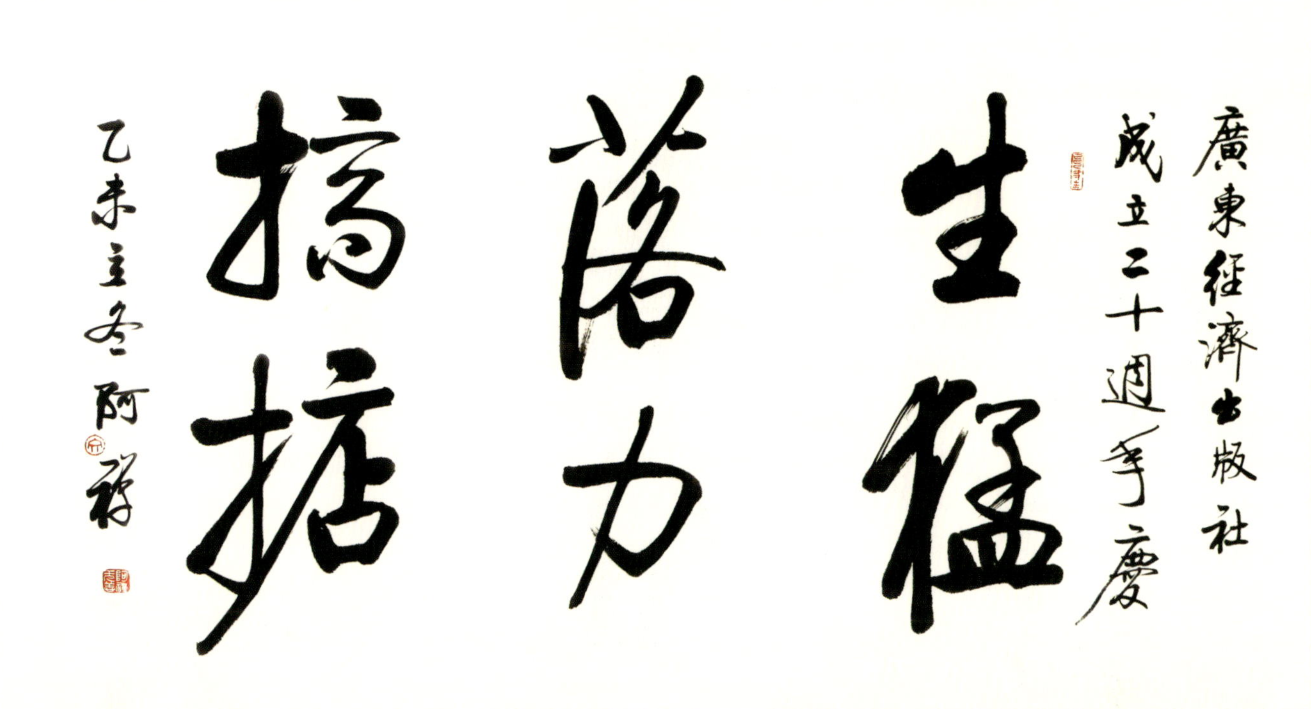

文阿禅

中国启功体书法家协会主席、中国书法家协会会员

（横幅书法）

136cm X 68cm

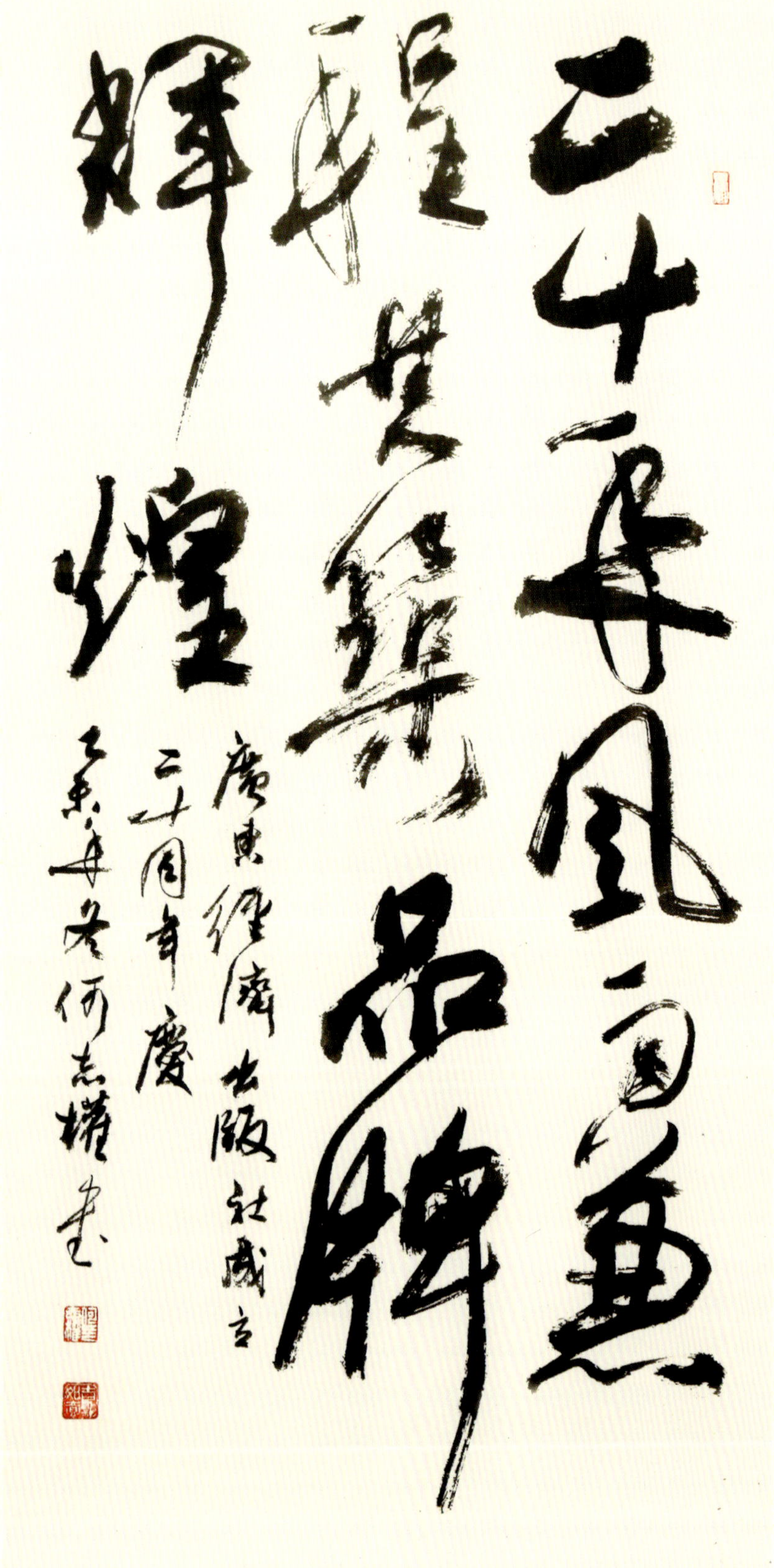

何志权

广东省书法家协会会员
广州市书法家协会会员
（竖幅书法）
136cm X 68cm

社长致辞

务实求精　品牌至上

——广东经济出版社成立二十周年巡礼

岁月不居，时节如流。弹指一挥间，广东经济出版社已经走过了二十年的路程。二十年来，我社按照“一手做品牌，一手做市场”“务实求精，品牌至上”的发展思路，围绕“一个中心，两个方针”即内涵发展、一般图书做强、教育图书做大的经营理念，坚持市场化运营、特色化方向、专业化道路、品牌化运作，秉承“生猛、落力、搞掂”即锐意创新、勤奋敬业、务求实效的企业文化，从小到大、从弱到强，社会效益和经济效益均取得长足发展，从名不见经传的新社、小社逐渐发展成为一支在国内出版界及广大读者中具有一定影响力和知名度，以财经出版为主体，横跨主题出版、重点出版和教育出版等各领域的南方出版生力军。回顾往昔，我们百感交集，这是脚踏实地、务求实效的二十年，是锐意创新、开拓进取的二十年，是竭诚奉献、拼搏奋斗的二十年，也是披荆斩棘、玉汝于成的二十年。

市场里搏击风浪，竞争中谋得发展

一方水土养一方人。

广东是岭南文化的发源地、古代丝绸之路的发祥地、辛亥革命的策源地、改革开放的先行地。植根在南粤大地的广经人，自然地承传了开放创新、务实进取的岭南文化的底蕴和秉性，同时也被赋予了传承中华文化、弘扬岭南文化、服务改革开放与经济建设的使命，这也决定了我社的出版思路和产品战略。

一、开拓市场化道路。经济社建社之初，缺乏固定产品，长期面临高强度市场化竞争环境，处于高风险经营状态。实用财经图书门槛低、替代品多、需求弹性大，竞争十分激烈。广经人坚定信念，不断苦练内功，练硬自己搏击市场风云的翅膀，大大提高了市场竞争力。一是确立了与高度市场化相适应的机制体制。如编辑室独立核算的考核机制，与经营业绩挂钩、根据经营状况实行岗位津贴上下浮动、绩效工资与固定工资比例均衡的分配机制，收入向一线人员倾斜的激励机制。二是创造了一系列有效的经营理念。如“目标瞄准大中城市，向县乡辐射”的市场定位，“小步快跑，少印量，多印次”的投入产出模式，以及“眼睛盯着市场，心中装着读者，脑中想着选题，手中算着效益”“多种木本，少种草本”“选题策划常年化、专业化、特色化、科学化”的选题策划理念。三是围绕市场化运营的各个环节开展了卓有成效的工作。二十年来，发行部门完成了发行部—营销部—市场营销中心的嬗变过程，其市场功能大大强化。我们加强了社店合作，每年第四季度组织全体编辑分赴粤东、粤西、珠三角进行市场调研，寻找准确的市场定位，带着年度选题与书店互动论证。我们加强编印发协同作战，把编印发糅成一张皮，提供并创建各种平台，让营销部门与编辑部门进行“三沟通”：信息沟通、业务沟通、情感沟通，并要求编辑学习出版印刷知识，了解图书生产工艺流程，掌握印制成本。

二、实施专业化竞争战略。二十年来，我们坚持走专业化道路，为广大企业提供专业的财经知识和管理技能。注意细分市场，按市场需求和企业需要策划选题、确定项目，并进行产品的深度开发和横向延伸，形成一条覆盖战略管理、产品管理、人力资源管理、培训管理、质量管理、行政管理、生产管理、物流管理、营销管理以及金融证券、投资理财操作实务等一系列经济管理图书的主打产品链，涉及制造业、服务业、金融业、房地产业以及高新科技产业等。另外，我们还着力打造经济理论及成功励志图书精品。这些图书因其专业、权威、经典而深受广大读者的欢迎。引进版的《平衡积分卡》《战略地图》《魔鬼经济学》《魔鬼管理学》风靡市场。股票书在全国独步一方，有“东西南北中，买股票书到广东”一说，其中《看盘高手》发行12万册。

三、坚持特色化方向。建社之初，我社紧紧依托广东作为改革开放前沿阵地、经济强省、制造业大省所形成的人才优势、市场优势、内容优势等地域资源优势，将之转化为出版资源。珠三角这块中国最具活力的区域，得改革开放之先，借毗邻港澳之势，麇集了大量的三资企业，形成了世界工厂，带来了海外先进的管理理念、方法、技术，兴起了大批培训机构和咨询机构，荟萃了众多管理、经营人才和优秀的培训师、咨询师，蕴藏了得天独厚的出版资源。我社充分发挥优势，策划出版了大批具有岭南特色的“广味”实用常销类图书，形成从企业一线生产经营管理中来，通过图书市场流转到培训市场，通过培训市场又回到企业一线生产经营管理实践中去的闭环系统。涌现了一批专业畅销书，如《货仓与MRP-Ⅱ管理实务问答》《现场管理实战》《跟单员工作手册》等，单本累计销售均达十余万册。另外，我社还推出了一大批具有岭南特色的饮食保健生活类畅销书，深受读者欢迎。

四、开展品牌化运作。我社每年针对重点书大力开展图书宣传、营销推广活动，如《竞争力经济学》研讨会、《大系统价值学说》研讨会、《学习的财富》作者罗斯女士的大学系列演讲及签名售书活动等，这些活动都产生了媒体曝光、业内关注、读者知晓、市场激活的效果。《大雁的力量——信任创造绩效》的营销活动开创了出版社策划编辑与企业高管联手举办讲座，讲述企业如何应用书中管理理念与方法打造百年老店的有效形式。《平衡计分卡》和《战略地图》读书培训活动极大地推动了销售，《平衡计分卡》至今销量达10.7万册，《战略地图》为8.6万册。我社市场图书盛极之时独步一方，如2000年，投资理财图书三分天下有其一，营销、管理分别占全国市场的15%、9%；市场排名连续多年排在全国50名左右，形成了“实际、实用、实操、实效”的品牌特色，赢得了“北有机工，南有广经”的口碑。

近年来，图书市场发生了很大变化，经管类图书自2008年开始，在整个图书市场的码洋占比一路下滑。在这个板块中，下滑最大的就是实用类图书，主要是因为随着成本的不断上升，大批企业或转移到国外，或停业关闭，或转型升级，培训市场不断萎缩。我社的经管类图书主要是为这些加工企业提供培训的读物，这类图书缺乏原创价值，内容低层次重复，销量大幅下滑，我社市场占有率也出现较大回落。对此，我们积极应对，开展“转型创新发展年”主题活动，启动产品创新、升级换代工程，通过创新提高质量，打造品牌。同时，调整选题结构，由粗放型向精品型转化，由实用型向理念型转变，由编写型向原创型转变，由常销书向畅销书提升，根据市场导向，在坚持经济管理为主的前提下，开发有畅销潜质的板块，进行多元化拓展，如军事励志等板块。近些年，我社围绕打造品牌建设名家出版工程，开展由名家主导的营销活动，加大了重点图书的营销力度，提升了社的品牌美誉度和影响力。军事畅销书《百年航母》（上下册）于2011年7月出版后，社组织了一系列全国性的读者沙龙活动，邀请著名军事专家张召忠参加，至今已在广州、北京、上海、大连、沈阳、西宁、西安、银川、南京、重庆、成都、武汉等地开展了二十余场，场场爆满，场面十分热烈，极大地推动了产品销售，该书截至2015年底累计销售达10万册。由著名军史专家、国防大学教授徐焰将军撰写的通俗军事读物《解放军为什么能赢》于2012年10月出版后，在全国各地举行了近二十场读者沙龙活动，受到军迷的热烈欢迎，到目前为止销售2.5万册。

聚焦主题出版，擦亮“广经”品牌

在2009年元月一个春寒料峭的日子，我们来到十年前曾有过合作的著名经济学家张卓元教授在北京三里河的寓所，一方面给张老师拜个早年，另一方面，围绕新中国成立60周年选题进行了热烈的讨论。最后双方一致认为，新中国成立60年来，特别是改革开放以来，我国经济建设取得了举世瞩目的成绩，我国经济学家在其中作出了重要贡献，在这样一个环境背景下，做一套反映经济建设成就的丛书无疑具有特别意义。接着，确定了《影响新中国60年经济建设的100位经济学家》丛书作为庆祝新中国成立60周年的重点选题。

2014年1月底的北京，同样是寒冬腊月，我们又来到张卓元老师家里，在拜年之余，围绕十八届三中全会作出的《中共中央关于全面深化改革若干重大问题的决定》策划相关的选题。拟请张老师组织一套中国改革开放大博览丛书，张老师在欣然应允之余，建议由位于海口的中国（海南）改革发展研究院（以下简称“中改院”）具体负责。7月23日，炎炎夏日，我们赴海口与中改院迟福林院长就双方合作出版事宜进行会谈。中改院自成立以来，以“直谏中国改革”为己任，努力建设中国改革智库。我们广经人植根于改革开放的热土，对改革开放或耳濡目染，或亲身经历，确实有着特殊的情感和情怀，同时也有更为强烈的责任感和政治担当意识。广东在改革开放中先行一步，我们在出版上也要先行一步，在全国率先策划出版反映改革开放及深化改革的图书，为改革开放鼓与呼。在与迟福林院长的坦率及充分的沟通中，双方一拍即合，决定在我国改革开放40年到来之前，提早谋划，尽早准备，共同合作出版一套全面回顾中国改革开放40年光辉岁月，展望未来改革开放之路，献礼党的十九大召开和改革开放40周年，集学术性、权威性、前瞻性于一体的改革资政精品图书。

这是我们多年来坚持不懈、一以贯之策划出版重大选题的缩影。

二十年来，我社坚持正确的出版导向，牢记出版人的责任与使命，围绕中心，服务大局，坚持把社会效益放在首位，实现两个效益相统一。坚持精品意识，加强内容建设，出版了一大批围绕年度主题，思想内涵深刻、学术价值和文化价值含量高的图书。

一、牢记使命，履行责任，做好主题出版。尤其是“十二五”期间，我社加大了主题图书出版力度，紧紧围绕服务党和国家工作的大局，围绕中央关于宣传思想工作中的主题和主线，策划出版了大批质量优良、有较大社会影响力的主题出版物。六种图书进入了国家主题出版工程，其中《十八大后十年的中国经济走向》《中国新型城镇化理论与政策研究丛书》入选国家新闻出版总署“深入学习宣传贯彻党的十八大精神主题出版”重点图书选题，《大国筋骨——中国工业化65年历程与思考》入选国家新闻出版广电总局“庆祝新中国成立65周年重点优秀出版物”，《深化经济体制改革研究丛书》入选国家新闻出版广电总局“深入学习贯彻习近平总书记系列重要讲话精神”重点选题,《血火铸长城——写给新一代人看的抗战史》入选中宣部、总局“纪念抗日战争及世界反法西斯战争胜利70周年重点出版物”，《新常态下的中国经济走向》入选中宣部、国家新闻出版广电总局“2015年主题出版重点出版物选题”。

二、把出版高品位的学术文化精品作为出版人的理想追求。二十年来，共有近150种精品图书获国家级和省部级以上优秀图书奖。10种图书获得11项包括国家图书奖提名奖、中国图书奖、首届中国出版政府奖、中华优秀出版物奖等在内的国家级大奖。其中《三巨人说》（漫画本）获第十一届中国图书奖；《影响新中国经济建设的10本经济学著作》获第四届国家图书奖提名奖；《竞争力经济学》先后获第十四届中国图书奖、首届中国出版政府奖；《财富论》获第三届中国出版政府奖（图书提名奖）；《中国经济学百年经典》入选首届“三个一百”原创出版工程；《中国南海海洋国土》入选第二届“三个一百”原创出版工程；《中国南海海草研究》获第二届中华优秀出版物奖（图书提名奖）；《影响新中国60年经济建设的100位经济学家》获第三届中华优秀出版物奖（图书提名奖）；《中国南海文化研究丛书》获第五届中华优秀出版物奖图书奖。

三、围绕省委中心工作，出版一大批服务于我省经济建设和改革开放的图书。为满足我省广大干部学习新知识形成新思路实现科学发展的能力，我社出版了一系列改革发展创新研究与学习丛书，如《珠江三角洲地区改革发展规划（2008—2020）学习丛书》《广东省加快转变经济发展方式干部培训系列读本》(9分册)、《现代产业知识干部培训丛书》（5分册）等。尤其是《广东省加快转变经济发展方式干部培训系列读本》，围绕我省加快转变经济发展方式要求大规模培训干部的重大部署，把相关政策以及产业、技术基础知识熔于一炉，具有较强的针对性、时效性和导向性，切合广东科学发展实际的需要。丛书由时任广东省委书记汪洋同志倡议并作序，省委组织部组织编写，书出版后举办了现代产业知识竞赛，掀起了一轮大规模干部培训学习现代产业知识的热潮，共发行图书12万套108万册。《自主创新学习与实践干部培训丛书》获时任省长黄华华批示表扬，认为“围绕省委省政府中心工作，提出了许多较有启发性的政策建议，丛书编得好，值得肯定”。我社还与省社科院长期合作，出版了一系列广东经济社会发展蓝皮书，反映我省经济社会运行的态势、取得的成就、存在的困难与问题，提出解决问题的方法、思路和对策。

做好主题出版和精品出版，有几个经验值得总结。

一是荟萃一流作者，构筑学术高地。出好书，必须有好的作者。做好主题出版、重点出版、精品出版，关键是在策划好的选题基础上，选择优秀的作者。要求作者是相关领域的学术带头人，具有很高的学术地位和顶尖的学术水平。多年来，我们通过出版合作，与中国社科院、中国改革发展研究院等国内一流机构，及北大、清华、中国人大等一流高校建立了密切的合作关系，并组织了一批高水平、高质量的作者，如著名经济学家张卓元、厉以宁、吴敬琏、刘国光、金碚、迟福林等。

二是举行高端论坛，聚合各种资源。（1）宣传资源，把论坛作为辐射中心，将图书出版信息发布出去。（2）专家资源，通过论坛汇集大量学者。（3）品牌资源。2009年11月15日，中国社会科学院学术报告厅高朋满座，群星璀璨。《影响新中国60年经济建设的100位经济学家》丛书首发式及“未来十年中国经济走向”高峰论坛在这里隆重举行。著名经济学家厉以宁、吴敬琏、张维迎、刘伟、迟福林等作了主题演讲，活动产生了极大的影响。2015年11月25日，我社在京举办《深化经济体制改革研究丛书》发布会暨“十三五”中国改革走向高端论坛，著名经济学家张卓元、吴敬琏、周叔莲、李晓西等二十余位专家参加。

三是力求政策红利，加大项目投入。党的十八大以来，党中央对文化建设给予了前所未有的高度重视。习近平在2014年3月7日两会期间参加贵州团审议时指出，“我们要坚定理论自信、道路自信、制度自信，最根本的还要加一个文化自信”。中央和地方对文化建设包括图书出版给予了政策上的支持，力度之大也是前所未有。几年来，我们通过努力，共获得国家及省里各项出版基金达1500万元。其中《规范海洋》《新兴产业和高新技术现状与前景研究丛书》《中国南海文化研究丛书》《十八大后十年的中国经济走向》《深化经济体制改革研究丛书》《中国新型城镇化理论与政策研究丛书》《大国筋骨——中国工业化65年历程与思考》《近代华侨报刊大系》（第一辑）等八种图书入选国家出版基金项目，品种数量在全省名列前茅。《话说中国海洋丛书》入选2010年度省文化产业发展专项资金补助项目，获资助350万元。

四是从战略高度，从大处入手，大局着眼，从长计议，通过重大项目打造平台，集聚英才。我社出版的一系列大项目虽然在经济效益上收益不大，但有较大的社会效益和人才效应。目前，我社作者人才库里，汇集了200位以上经济学界及社科界我国顶尖级的学者。

开发教育产品，打好经济翻身仗

建社以来，我社产品结构过于单一，仅有一般图书支持企业的生存与发展，长期处于高风险经营状态，对此，社领导班子于2008年确定了“一个中心，两个方针”的内容生产发展战略，按照集团“精品、效益、市场占有率”全面发展的工作部署，全力以赴开发教育图书产品，并取得了丰硕的成果。首先，获得由国家新闻出版总署审核批准的9个学科中小学教辅出版资质，并在2013年广东省教育厅中小学教辅材料推荐目录评审中取得不俗的成绩，共入选推荐书目135种。仅上书目的品种，每年发行码洋就达8000万元，促进了企业经营业绩迅速发展。我社2010年利润为30万元，2014年大幅增长，为425万元，2015年突破了500万元，五年翻了10倍。营业收入也由2010年的3275万元增长到2014年的7600万元，2015年达8000万元以上。创业时我社只有150万元启动资金，现在总资产达到6000多万元，净资产达2000万元。

几分耕耘几分收获。今天的成绩是全社上下同欲、团结奋斗的结果，是全社员工汗水、心血、智慧的结晶，体现了“生猛、落力、搞掂”的企业文化。这里讲述几个奉献拼搏、令人感动的故事。为了按期交货，2005年春节期间，《社会主义和谐社会研究》的责编和校对人员牺牲了新春佳节与亲人的团聚，从初一到初五加班加点，完成了编校工作并下厂印刷。2013年2月，为了抓住我省教育厅开展教辅材料评审这个千载难逢的机会，有关领导和编辑大年初五开始工作，先是确定了400种选题，接着开始安排编辑、校对、发稿，申领书号、CIP，安排样书速印等一系列工作。由于评审要求多次变化，如申报种类、种册、印张数量、盲评及明评要求、封面样式要求等，在短短两个月内，我们修改了六次书稿，更换了无数次样书，责任编辑及出版科、总编室经常加班加点，昼夜奋战。省教育厅于4月12日发公告，材料申报截止日期为4月19日17：30，18日晚，社办公楼灯火通明，全社编辑通宵加班审读检查第二天送审的样书。这时高中寒暑假作业的样书还没送来，这是因为按照公告要求，寒暑假作业由原来按科目改为年级合订本，还在由提供书稿的山东梁山县新坐标书业修改并排版，即使19日一早寄快递也来不及了。为了抢时间，我们开始了与送审时间赛跑的接力赛。社里派一位编辑19日一大早就乘飞机赶赴济南，拿到新坐标送到机场的样书，然后赶最早一趟航班回广州，并直接送到评审地点，此时离截止时间只有半小时！值得一提的是，为送评教辅材料提供初中部分书稿的易百分团队也付出了辛勤的汗水，作出了重要的贡献。我社在教育产品上曾是一穷二白，缺乏资源也缺乏经验，但是我们以“有条件要上，没有条件创造条件也要上”的铁人精神，以“咬定青山不放松”的坚持不懈和非凡毅力，使教育产品无中生有、横空出世，彻底扭转了我社长期以来在盈亏点徘徊，经济效益差、经营风险高的局面。这些成绩的取得，是广经人艰苦奋斗的结果，也是勇于开拓、锐意创新的改革精神的体现。

二十年前播下的种子从幼苗逐渐长大成林，在结下果实的同时，人才也不断成长、涌现，一批批我社的骨干在调离后走上新的领导岗位，成为行业的翘楚。目前，我社全社员工132人，其中离退休老同志61人，在职员工72人。其中，拥有出版专业正高职称4人，副高职称19人；在编辑队伍中，博士学位1人，硕士学位10余人。

花红还靠绿叶扶，我们要感谢上级领导部门对我社的关心爱护，感谢集团和股份公司的正确领导和大力支持，感谢各位学者专家和各方面的作者给我们提供了很好的内容资源，感谢广大经销商以及各行各业的相关客户对我们的支持，感谢广大的读者，没有他们的支持，便没有广东经济出版社的今天甚至是明天！还要感谢在背后默默理解与支持我们的离退休老同志，感谢那些已调离本社的各位老领导、老同事。

二十年风雨同舟，砥砺前行。二十年筚路蓝缕，艰苦奋斗。二十年凝聚心血，终有所成。广东经济出版社走过了一段艰辛而光荣的历程，现在，又站到了新的历史起点上。既然选择了远方，便只顾风雨兼程。广经人将以崭新的面貌、澎湃的激情攀越新的高峰。我社将在集团和股份公司的正确领导下，进一步确立“务实求精，品牌至上”的发展理念，发挥“生猛、落力、搞掂”的文化精神，实施转型创新发展战略，大力推进品牌建设，推动市场图书、主题出版、教育出版等全面发展，力求在“十三五”期间，使我社成为全国最具品牌影响力的出版社之一，进入国内一流出版社的行列。

二十岁，弱冠之年，是人生最美好、最朝气蓬勃的青春年代。在这里，我想引用习近平总书记给全国青联第十二届会议贺信中的两句话与全社员工共勉：在火热的青春中放飞人生梦想，在拼搏的青春中成就事业华章。

广经人用心血和汗水谱写的华美乐章，期待着翻开新的一页。

广东经济出版社社长

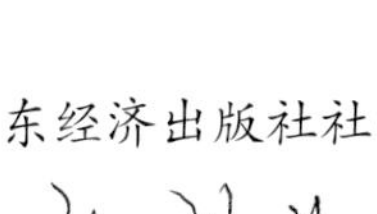

2015年12月25日

全家福

——员工风采

2015年12月，二十周年社庆，在职员工合影

2015年12月，二十周年社庆，离退休人员合影

二十周年社庆，在职员工合影

社领导合影

行政科

办公室

总编办

财务部

出版科

营销部

网络直销部

综合编辑室

企业管理编辑一室

企业管理编辑二室

版权部

对外经济编辑室

投资理财编辑室

金融编辑室

区域经济编辑室

编审室

经济理论
编辑室

第一教材教辅研发中心

校对科

二十年成果展示

自1995年12月成立以来，广东经济出版社走过了一段艰辛光辉的历程。二十年来，我社按照“一手做品牌，一手做市场”的发展思路，坚持专业化发展方向，规模化、市场化和品牌化运作，无论在社会效益还是经济效益方面都取得了丰硕的成果，并逐渐发展成为一支在出版界及广大读者中具有一定影响力和知名度的南方出版生力军。

20年来社会效益一览表

国家级大奖：

序号	书名	获奖名称	年份
1	《三巨人说（漫画本）》	第十一届中国图书奖	1998年
2	《影响新中国经济建设的10本经济学著作》	第四届国家图书奖提名奖	1999年
3	《竞争力经济学》	第十四届中国图书奖	2004年
4	《竞争力经济学》	首届中国出版政府奖	2007年
5	《中国经济学百年经典》	首届“三个一百”原创出版工程	2007年
6	《中国南海海草研究》	第二届中华优秀出版物奖（图书提名奖）	2008年
7	《中国南海海洋国土》	第二届“三个一百”原创出版工程	2008年
8	《影响新中国60年经济建设的100位经济学家》	第三届中华优秀出版物奖（图书提名奖）	2010年
9	《财富论》	第三届中国出版政府奖（图书提名奖）	2012年
10	《中国南海文化研究丛书》	第五届中华优秀出版物奖（图书奖）	2015年

国家出版基金项目：

序号	年份	书名
1	2013年	《规范海洋》
2		《中国南海文化研究丛书》
3		《十八大后十年的中国经济走向》
4	2014年	《中国新型城镇化理论与政策研究丛书》
5		《新兴产业和高新技术现状与前景研究丛书》
6	2015年	《大国筋骨——中国工业化65年历程与思考》
7		《近代华侨报刊大系》（第一辑）
8		《深化经济体制改革研究丛书》

国家“九五”重点图书出版规划：

序号	书 名
1	《当代管理学前沿丛书》
2	《现代企业全球战略丛书》

国家“十五”重点图书出版规划：

序号	书 名
1	《珠江三角洲经济区规划研究》

国家“十一五”重点图书出版规划：

序号	书　名
1	《中国南海海洋经济丛书》

国家“十二五”重点图书出版规划：

序号	书　名
1	《话说中国海洋丛书》
2	《中国南海文化研究丛书》
3	《中国新型城镇化理论与政策研究丛书》

重点主题出版项目：

序号	书名	主题
1	《新常态下的中国经济走向》	中宣部、国家新闻出版广电总局“2015年主题出版重点出版物选题”
2	《供给侧结构性改革论纲》	中宣部、国家新闻出版广电总局“2016年主题出版重点出版物选题”
3	《十八大后十年的中国经济走向》	总署“深入学习宣传贯彻党的十八大精神主题出版”重点图书选题
4	《中国新型城镇化理论与政策研究丛书》	总署“深入学习宣传贯彻党的十八大精神主题出版”重点图书选题
5	《大国筋骨——中国工业化65年历程与思考》	总局“庆祝新中国成立65周年重点优秀出版物”
6	《深化经济体制改革研究丛书》	总局“深入学习贯彻习近平总书记系列重要讲话精神”重点选题
7	《血火铸长城——写给新一代人看的抗战史》	中宣部、总局“纪念抗日战争及世界反法西斯战争胜利70周年重点出版物”

广东省原创精品项目：

序号	年份	书名
1	2014年	《中国新型城镇化理论与政策研究丛书》
2		《新兴产业和高新技术现状与前景研究丛书》
3	2015年	《深化经济体制改革研究丛书》
4		《血火铸长城——写给新一代人看的抗战史》
5		《海上丝绸之路研究书系》（星座篇）
6		《海上丝绸之路研究书系》（港口篇）
7		《登峰造极——中国制造业攀登世界产业技术制高点之路》

广东省纪念改革开放30周年图书：

《奇迹广东——崛起的簇群·广东专业镇发展纪实》《区域协调发展五篇》。

其他：

2009年，隆重推出《〈珠江三角洲地区改革发展规划纲要（2008—2020年）〉学习丛书》，时任中共中央政治局委员、广东省委书记的汪洋为该丛书作“总序”。

2010年，隆重推出《广东省加快转变经济发展方式干部培训系列读本》。该丛书是根据省委、省政府的指示精神，专门为我省关于加快转变经济发展方式大规模培训干部的要求而编写的“口袋书”，发行量达10万余套。

2011年初，出版《自主创新学习与实践干部培训丛书》，受到了时任省长黄华华的高度评价。

广东省文化产业发展专项资金项目：

2010年度，《中国海洋大系》全媒体出版工程。

2010—2015年经济效益对比

社会效益

二十年来，广东经济出版社策划出版了一大批学术价值高、文化含量大、社会意义深远的精品图书，并屡获国家级、省级大奖，包括中国图书奖、国家图书奖、中国出版政府奖、“三个一百”原创图书出版工程奖、中华优秀出版物奖、广东省“五个一”工程奖等。还有些图书获得了国家出版基金资助，入选国家重点图书出版规划、重点主题出版项目等，取得了良好的社会效益。

国家级奖项

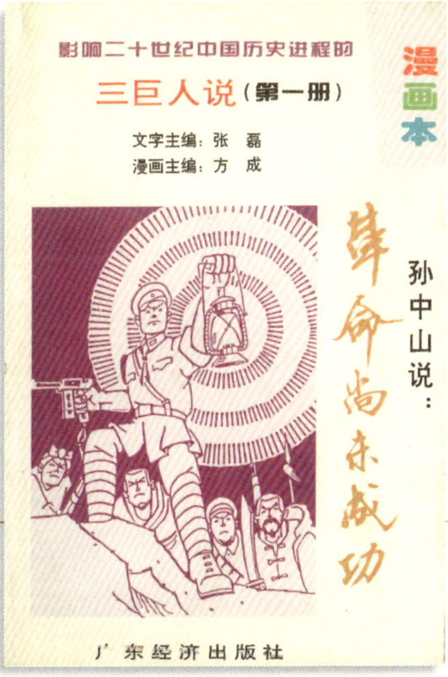

《三巨人说（漫画本）》获第十一届中国图书奖（责任编辑：刘蔚）

《影响新中国经济建设的10本经济学著作》获第四届国家图书奖提名奖（责任编辑：丘克军、杜传贵）

《竞争力经济学》先后获得第十四届中国图书奖、首届中国出版政府奖（责任编辑：姚丹林、李远谋）

《财富论》获第三届中国出版政府奖（图书提名奖）（责任编辑：崔黎民）

《中国经济学百年经典》获首届“三个一百”原创出版工程（责任编辑：姚丹林、杜传贵、贺洪初）

《中国南海海洋国土》获第二届“三个一百”原创出版工程（责任编辑：郭锷权、袁广良）

《中国南海海草研究》获第二届中华优秀出版物奖（图书提名奖）（责任编辑：郭锷权、周晶）

《影响新中国60年经济建设的100位经济学家》获第三届中华优秀出版物奖（图书提名奖）（责任编辑：崔黎民、张健行、李树谋、周晶、张晓兰）

《中国南海文化研究丛书》（6册）获第五届中华优秀出版物奖图书奖（责任编辑：周晶、毛一飞、易伦、张晓兰）

第八届全国优秀青年读物

《终生的财富——习惯·性格·命运》（责任编辑：杜传贵）

省级奖项

广东省“五个一工程”奖

《珠江三角洲经济区规划研究》（责任编辑：丘克军）、《三巨人说（漫画本）》（责任编辑：刘蔚）、《农官李楚生》（责任编辑：曾莹）、《农民道德歌》（责任编辑：张文、陈剑娜）、《当代风流》（责任编辑：徐雨苍）、《邪教“法轮功”百问》（责任编辑：徐雨苍）、《跨世纪发展的历史使命》（责任编辑：杜传贵、黄一霜）、《没有轮回的年》（责任编辑：杜传贵）

广东省优秀图书奖

《珠江三角洲经济区规划研究》（责任编辑：丘克军）、《产权改革——中国迈向市场经济的第一步》（责任编辑：丘克军）、《影响新中国经济建设的10本经济学著作》（责任编辑：丘克军、杜传贵）、《农民道德歌》（责任编辑：张文、陈剑娜）、《新经济学》（责任编辑：孔丽华）、《跨世纪发展的历史使命》（责任编辑：杜传贵、黄一霜）、《WTO与中国文化》（责任编辑：陈剑娜）、《没有轮回的年》（责任编辑：杜传贵）、《广东海上丝绸之路史》（责任编辑：崔黎民）、《卓炯传》（责任编辑：杜传贵、崔黎民）

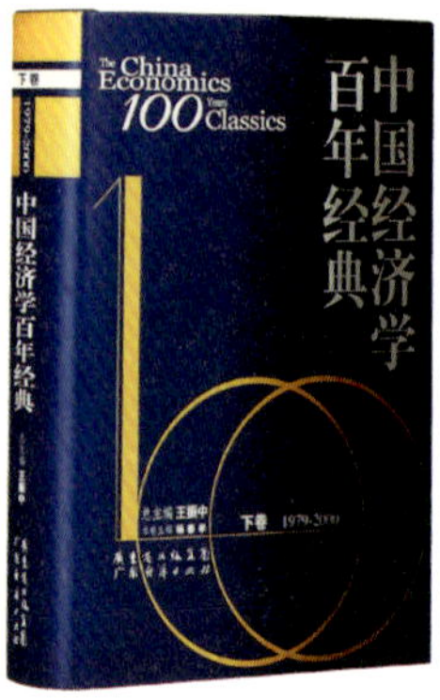

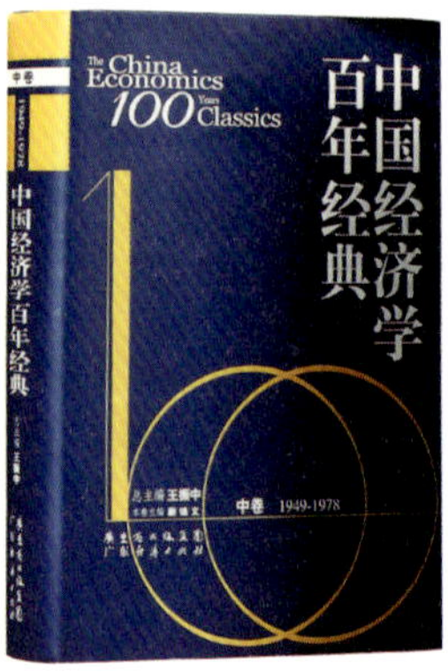

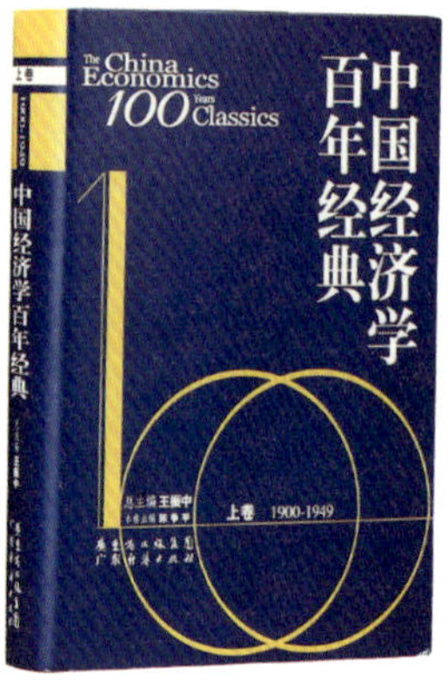

广东省优秀出版物奖（图书奖）

《构建社会主义和谐社会问题研究》（责任编辑：崔黎民）、《平衡计分卡——化战略为行动》（责任编辑：黄少刚）、《魔鬼经济学》（责任编辑：黄一霜）、《华为四张脸》（责任编辑：李惠玉）、《中国海洋经济发展战略研究》（责任编辑：郭锷权）、《中国经济学百年经典》（责任编辑：姚丹林、杜传贵、贺洪初）

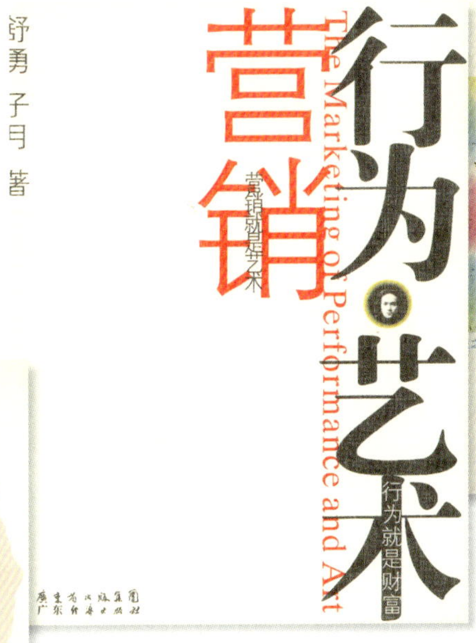

广东省优秀出版物奖（装帧设计奖）

《软绳捆硬柴》（责任编辑：曾莹）、《行为艺术营销》（责任编辑：李惠玉）、《心灵的翅膀》（责任编辑：黄一霜）、《广东海上丝绸之路史》（责任编辑：崔黎民）、《魔鬼经济学》（责任编辑：黄一霜）、《美国车——嘶吼的引擎》（责任编辑：李惠玉）

广东省优秀科普作品奖

《荔枝品种与栽培图说》（责任编辑：李远谋）、《中国龟鳖类原色图谱》（责任编辑：李惠玉）、《鼎湖山与空气负离子》（责任编辑：李惠玉）、《火箭空气静力新探》（责任编辑：高文彪）、《梦的解析》（责任编辑：张健行）、《粗粮野菜巧烹制》（责任编辑：金荣良）、《快乐上网》（责任编辑：侯国瑞）、《没有轮回的年》（责任编辑：杜传贵）、《苍茫大地，谁主沉浮》（责任编辑：曾莹）、《地震与海啸》（责任编辑：毛一飞）

首届南粤出版奖

《走向深蓝（上、下）》

（责任编辑：周晶、周俊）

国家出版基金项目

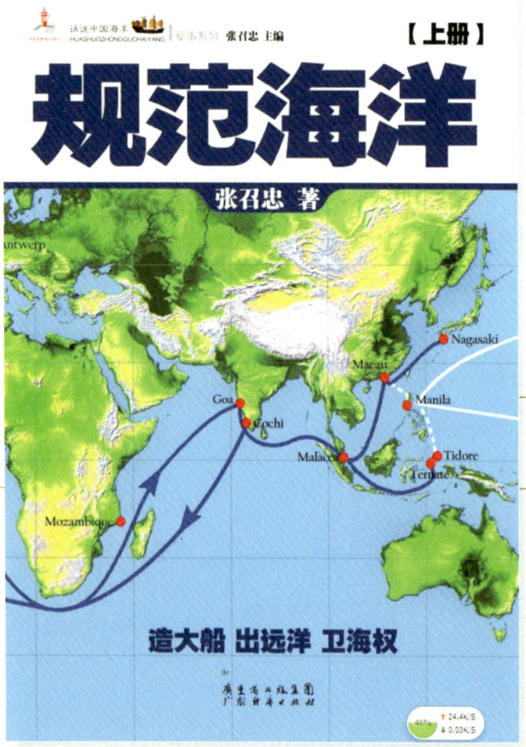

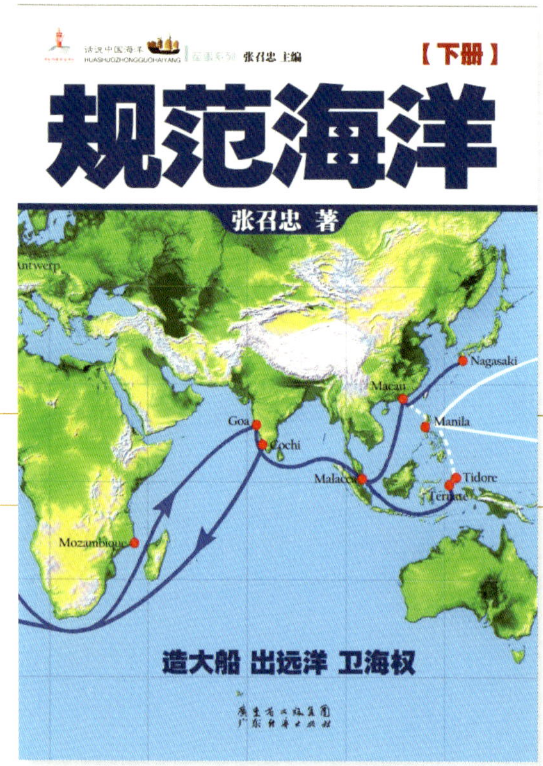

2013年度国家出版基金项目

《规范海洋》

《中国南海文化研究丛书》

《十八大后十年的中国经济走向》，国家新闻出版总署“深入学习宣传贯彻党的十八大精神主题出版”重点图书

2014年度国家出版基金项目

《中国新型城镇化理论与政策研究丛书》，国家新闻出版总署“深入学习宣传贯彻党的十八大精神主题出版”重点图书

《新兴产业和高新技术现状与前景研究丛书》

2015年度国家出版基金项目

《大国筋骨——中国工业化65年历程与思考》，国家新闻出版广电总局“庆祝新中国成立65周年重点优秀出版物”

《深化经济体制改革研究丛书》，国家新闻出版广电总局“深入学习贯彻习近平总书记系列重要讲话精神”重点选题

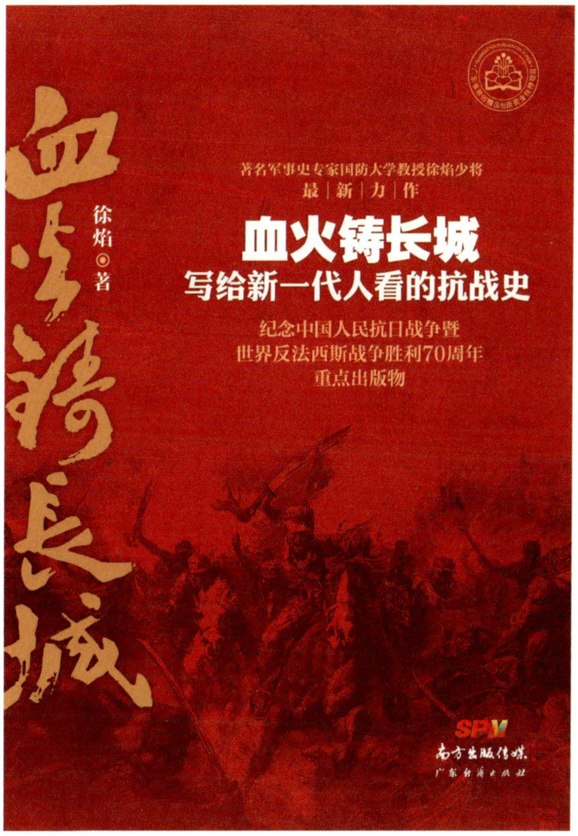

2015年度国家出版基金项目

《血火铸长城——写给新一代人看的抗战史》，中宣部、总局“纪念抗日战争及世界反法西斯战争胜利70周年重点出版物”

《近代华侨报刊大系》（第一辑）

国家重点图书出版规划

国家“九五”重点图书出版规划：《当代管理学前沿丛书》《现代企业全球战略丛书》

国家“十五”重点图书出版规划：《珠江三角洲经济区规划研究》

国家“十一五”重点图书出版规划：《中国南海海洋经济丛书》

国家“十二五”重点图书出版规划：《话说中国海洋》丛书、《中国新型城镇化理论与政策研究丛书》《中国南海文化研究丛书》

中国南海文化研究丛书
广东省珠江文化研究会 组编
黄伟宗 主编
THE SOUTH CHINA SEA
中国南海
海洋文化论
谭元亨 敖叶湘琼 廖文 著

新型城镇化：
理论与政策框架
XinXing ChengZhenHua
LiLun Yu ZhengCe KuangJia

话说疍民文化
HUASHUODANMINWENHUA
吴水田 著
中国海洋油气产业
孙珍等 编著
话说海盗
曹小曙 王小莉 编著
中国海洋旅游产业
海战将星
中国和亚欧著名海军将领
李杰 卫东 编著
争锋蔚蓝
中国历代水军、海军征战历程
李杰 张利英 编著
中国
ZHONGGUO
HAIYANGFENGSUWENHUA
海洋风俗文化
许桂香 编著

其他

广东省纪念改革开放30周年图书：《奇迹广东——崛起的簇群·广东专业镇发展纪实》丛书、《区域协调发展五篇》

2009年，我社隆重推出《〈珠江三角洲地区改革发展规划纲要（2008—2020年）〉学习丛书》，时任中共中央政治局委员、广东省委书记的汪洋为该丛书作“总序”。

2010年，我社隆重推出《广东省加快转变经济发展方式干部培训系列读本》。该丛书是根据省委省政府的指示精神，专门为我省关于加快转变经济发展方式大规模培训干部的要求而编写的“口袋书”，发行量达10万余套。

2011年初，我社出版的《自主创新学习与实践干部培训丛书》受到了时任省长黄华华的高度评价，并亲自批示：《自主创新学习与实践干部培训丛书》围绕省委、省政府中心工作，紧密结合当前我省发展的实际，从不同角度揭示了我省在创新活动方面的优势与不足、机会与挑战等，提出了许多较有启发性的政策建议，丛书编得好，值得肯定。望继续努力，多出新成果。

经济效益

广东经济出版社的图书在市场上的表现也赢得了全行业的认同。无论是在开卷统计的各板块市场占有率排名，还是在每年一度中国书刊发行业协会举办的全国优秀畅销书评选中，广东经济出版社都榜上有名。

全国优秀畅销书

2000年度全国优秀畅销书

《营销诊断实务》（责任编辑：陈剑娜）、《现场管理实战》（责任编辑：陈剑娜）、《股市技术分析实战技法》（责任编辑：李惠玉）、《看盘高手》（责任编辑：高文彪）

2001年度全国优秀畅销书

《解读江恩理论》（责任编辑：杜传贵）、《登峰之路》（责任编辑：姚丹林）、《股怎么炒——提高篇》（责任编辑：孙力）、《技术赢家》（责任编辑：高文彪）

2002年度全国优秀畅销书

《方法比知识重要系列丛书》（责任编辑：李惠玉）、《绝境求生》（责任编辑：黄一霜）、《企业薪酬设计与管理》（责任编辑：李远谋）、《营销人员培训金典》（责任编辑：曾莹）

2004年度全国优秀畅销书

《影响世界的100个管理寓言》（责任编辑：黄一霜）、《影响世界的100个营销寓言》（责任编辑：黄一霜）、《终端营销实战手册》（责任编辑：李惠玉）

2007年度全行业优秀畅销书品种

《美元的坠落》（责任编辑：黄一霜）、《大雁的力量——信任创造绩效》（责任编辑：徐雨苍、王成刚）、《魔鬼经济学》（责任编辑：黄一霜）、《一个经济杀手的自白》（责任编辑：黄一霜）、《华为四张脸》（责任编辑：李惠玉、易伦）

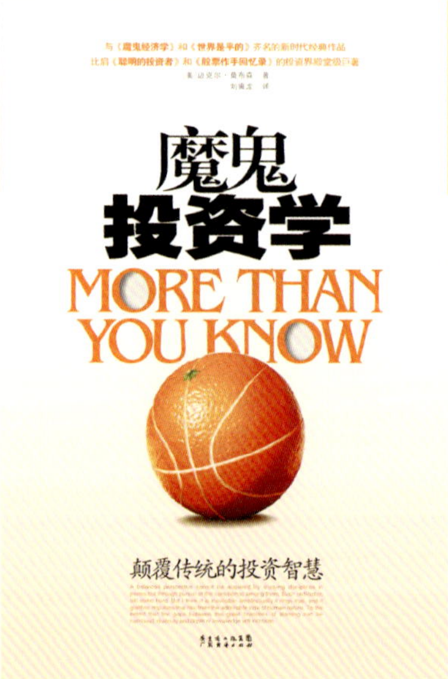

2008年度全行业优秀畅销书品种

《价量经典（修订本）》（责任编辑：张健行）、《魔鬼投资学》（责任编辑：黄一霜）、《道破盘口天机》《道破短线天机》《道破涨停天机》（责任编辑：罗振文）

2009年度全行业优秀畅销书品种

《知道做到》（责任编辑：黄一霜、谭莉）、《销售女神教你创造销售奇迹》（责任编辑：李惠玉、王成刚）、《中国实干精神》（责任编辑：钟晓明）、《看盘高手》（责任编辑：高文彪）、《操盘学（上册、中册、下册）》（责任编辑：罗振文）

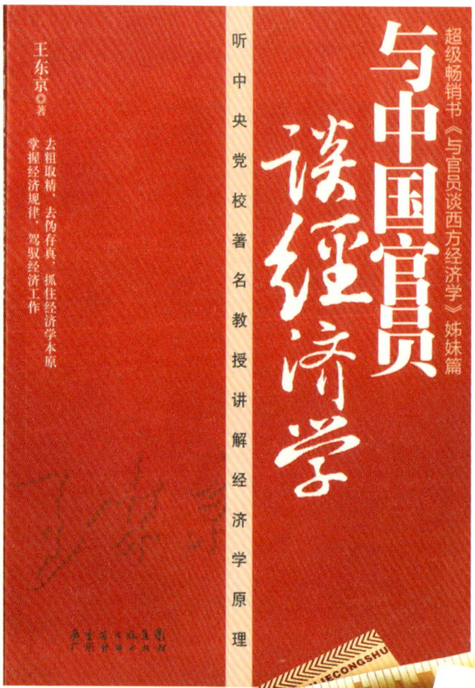

2010年度全行业优秀畅销书品种

《起涨点》（责任编辑：罗振文）、《看盘入门两星期》（责任编辑：翟晓侃）、《操盘论道入门曲——看透F10》（责任编辑：翟晓侃）、《与中国官员谈经济学》（责任编辑：金荣良）

2011年度全行业优秀畅销书品种

《做精一张图》（责任编辑：罗振文、许罗君、赖芳琨）、《高尔夫说道：当代中国白领高尔夫运动导读》（责任编辑：温键键）、《快速捕捉主升浪的5堂课》（责任编辑：许罗君）

2012—2013年度全行业优秀畅销书品种

《走向深蓝（上、下）》（责任编辑：周晶、周俊）、《西施的财富（Ⅰ、Ⅱ）》（责任编辑：李惠玉）、《解放军为什么能赢——写给新一代人看的军史》（责任编辑：周晶）

其他

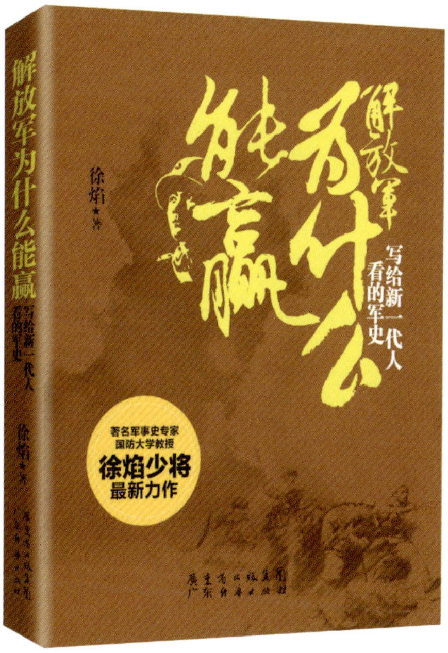

2013年南国书香节最受读者关注图书（粤版类）

《解放军为什么能赢——写给新一代人看的军史》（责任编辑：周晶）

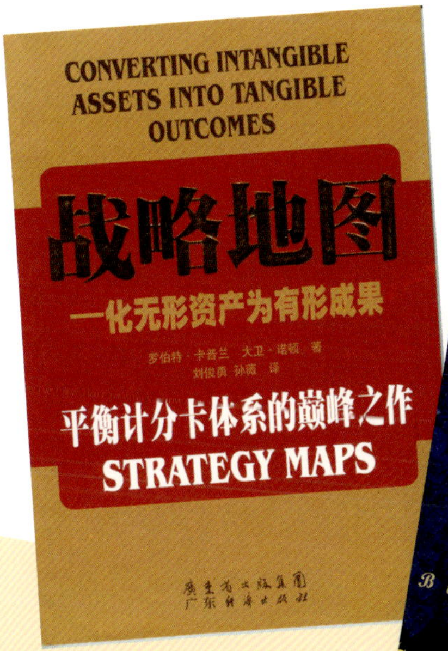

引进版优秀社科类图书

《战略地图——化无形资产为有形成果》（责任编辑：黄少刚）、《巴菲特的护城河》（责任编辑：黄一霜、谭莉）

输出版优秀图书

《华为四张脸》（责任编辑：李惠玉、易伦）

主要业务板块

广东经济出版社紧紧依托广东作为改革开放前沿阵地、经济强省、制造业大省所形成的各种资源优势，在“一手做品牌，一手做市场”发展思路的指导下，策划出版了一批又一批具有岭南特色的“广味”经管图书，打造了企业管理、财务会计、投资理财、酒店管理等多个强势板块，并形成了“实际、实用、实操、实效”的品牌特色，以及“广经图书，惟实致用”的口碑。近年来，又开辟了教辅图书出版的新领域，并在广东省教育厅中小学教辅材料推荐目录中取得不俗的成绩。

企业管理

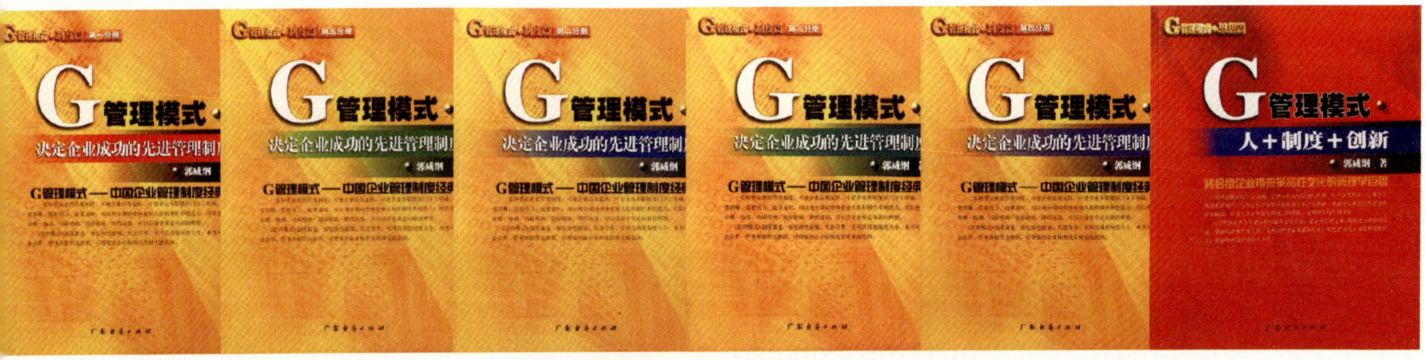
G管理模式
决定企业成功的先进管理制度
郭咸纲
G管理模式——中国企业管理制度经典
G管理模式
人＋制度＋创新
郭咸纲 著

金宏餐饮实用图书
全系列畅销10万册以上
一本海底捞员工也学习的书
海底捞
管理智慧
餐饮专家邹金宏与您一起解读神秘海底捞
邹金宏 编著
恒大帝国之崛起
——商业巨擘许家印
彭顺丰 方志远◎著
第二版
商界精英和白领、地产界人士及体育爱好者必读之书
房地产营销19讲
陈利文 著
THE NINETEEN
LECTURES
OF REAL ESTATE
MARKETING
战略 术法与生命的意义
Strategy, tactics and the meaning of life
集商语理论与经典案例之大成
首部地产实战派实操理论系统
首次公开多个地产大鳄看家秘笈

任正非的
真实世界
中国第一民企华为成长内幕
Ren Zhengfei's
real world

微信大号运营的实战宝典 百万粉丝养成的深度解密
带你微信
带你飞
DAINI WEIXIN DAINI FEI
从0到100万，一个微信大号的养成记
App每日推送◎编著

管理实务

国际商务单证员考试参考用书
进出口业务单证
操作手册
王莉 陈琳 刘琳 陈云 编著

WAIMAO DANZHENG CHULI JIQIAO
外贸单证处理技巧
外贸业务报价
交易盈亏核算
函电磋商与签约
履约风险与防范
制单、审单与交单
信用证风险与防范
贸易结算与融资
单据缮制与管理
修订本
外贸单证处理技巧
精炼·实用·与国际惯例对接

外贸新手
入门必读
张志涛 编著
白金版
外贸专家张志涛老师五年潜心修订
5万字全新内容首度面世
当当网同类图书销量第一
SPM

优秀外贸跟单员
Outstanding
trading merchandiser
9

全国跟单员资格培训认证推荐教材
最新版
GENDANYUAN
GONGZUOSHOUCE
跟单员工作手册
要做老板，先做业务员；
要做总经理，先做跟单员

中国跟单员培训之父最新力作
GENDANYUAN
PEIXUNJINDIAN
跟单员培训金典
企业的生命是定单
管理的灵魂是跟单

三资企业日常管理实务丛书
修订版
人事、培训管理实务问答
郭继伟 编著
货仓与MRP-II管理实务问答
郭继伟 编著
总务与文件管理实务问答
郭继伟 编著
货仓 采购 生管 物控 管理实例与问答
郭继伟 编著
广东经济出版社

班组管理从基础到技巧
制造型企业班组长必读
生产部主管跟我学
SHENGCHANBU ZHUGUAN
GENWOXUE
终端营销实战手册
全国优秀畅销书

CAIWU ZONGJIAN
财务总监工作手册
GONGZUO SHOUCE
三资企业现场管理经验丛书
品管部主管跟我学
PINGUANBU ZHUGUAN
GENWOXUE

管理培训游戏全案
(升级版·下册)

绩效管理实用工具书
Canyin Fuwuye Jixiaoguanli
餐饮服务业
绩效管理
流程
指标
制度
表格
7个部门52个岗位
19个绩效管理制度
146个绩效指标
Zhizaoye Jixiaoguanli
制造业
绩效管理
8个部门63个岗位
34个绩效管理制度
203个绩效指标
11份绩效合约
88个绩效管理表格
Jiudian Fuwuye Jixiaoguanli
酒店服务业
绩效管理
10个部门80个岗位
16个绩效管理制度
183个绩效指标
10份经营管理责任书
91个绩效管理表格
Wuye Gongsi Jixiaoguanli
物业公司
绩效管理
11个部门54个岗位
23个绩效管理制度
162个绩效指标
54个绩效管理表格
销售圣经
金牌导购
赢在信任
沟通为王
成功经理人365天管理笔记系列（服务业经理人）
家居建材门店店长
365天
管理笔记
SPM

经济型酒店
规范管理与培训手册

行业经济

FANG DI CHAN XIANG MU
QUAN CHENG CE HUA
房地产项目
全程策划
——理论、实操与案例
白手起家，餐饮开店全程
实战手册
房地产中介
理论与实务
广东
战略性新兴产业基础知识
优势传统产业基础知
加快转变经济发展方式概论
现代农业基础知识
现代服务业基础知识
先进制造业基础知识

财务会计

会计真账
实操教程
（下册）
会计真账
实操教程
李连玉 著
（上册）
会计培训首选
在岗会计必备
自学会计良师
KUAIJI ZHENZHANG
SHICAO JIAOCHENG
会计入门
真账模仿
会计入门
基础知识
【会计培训速成】
会计入门两星期
会计学习新概念
1
【会计培训速成】
会计有问题找我
会计学习新概念
2
【会计培训速成】
会 计 实 战
会计学习新概念
3
新手轻松上岗丛书
出纳工作
一日通
CHUNA
GONGZUO
YIRITONG
新手轻松上岗丛书
会计工作
一日通
KUAIJI
GONGZUO
YIRITONG
手把手
教你
做账
QINGSONG
ZUO CHUNA
轻松
做
出纳
会计文案
撰写模式大全
财务管理文书
日常业务文书
工商事务文书
税务事务文书
审计事务文书
协议合同文书
新编
会计入门
KUAIJI RUMEN
如何合理避税

投资理财

TECHNIQUES
OF TAPE READING
盘口解读技术
广东省出版集团
广东经济出版社
Education
畅销书
吕超 罗应杰 著
原油
投资
实战交易
理财有奥妙·持家有技巧
JIATING LICAI
ZHENBIANSHU
家庭理财
枕边书
李晓琳 编著
每天学一点家庭理财术
让家庭财富保值、倍增的秘密
T+0分时图
交易技巧大全
T+0 FEN SHI TU
JIAOYI JIQIAO DAQUAN
李志尚 李智诚 著
做精分时图
T+0风靡全国
即知多空偏向
短线交易必读

股票 期货 期权盘中操作要诀
短线
狙击手
短线实战完全参考手册
Sniper
Trading
WILEY
成功交易员完全教程
高胜算
操盘
High Probability
Trading
Education
中国证券职业操盘实训教材
伍朝辉 著
操盘学
职业操盘手实战入门宝典
基础盘口语言训练
上册
实战技术交易系统训练
中册
实战盈利管理训练
下册

中国证券职业操盘培训教材
证券
操盘技术
一个证券操盘手必须掌握的知识
彭冬初◎著
畅销书“看盘快速入门”系列的精选全集
看盘
快速入门
历史上讲述财富和人生最好的小说之一
西施的财富
芝麻开门
人生指南
理财宝典
犹太人为什么容易获取财富？
西施如何被培养成春秋时代的首富？
你的财富如何保值？如何传承？
看懂了本书,你能掌握财富的密钥
你的财富教育首选用书
白银投资
技巧实战篇
贵金属投资宝典系列

必将为你带来终生财富的工具书
道破盘口天机
实战案例解码
道破K线天机
实战版
道破选股天机
道破涨停天机
道破短线天机
创梦幻奇迹 造超级英豪

引进版图书

一个经济杀手的自白
Confessions of an Economic Hit Man
揭露美国全球经济援助背后的真实企图

与《魔鬼经济学》和《世界是平的》齐名
比肩《聪明的投资者》和《股票作手回忆录》
魔鬼投资学
MORE THAN YOU KNOW
颠覆传统的投资智慧

重述《人性的弱点》和《管理的实践》
打造未来CEO的巅峰课堂
魔鬼管理学
WHAT GOT YOU HERE WON'T GET YOU THERE
从优秀到卓越管理者的致命细节

FREAKONOMICS
魔鬼经济学
揭示隐藏在表象之下的真实世界
彻底改变你看待这个世界的方式

The Balanced Scorecard: Translating Strategy into Action
平衡计分卡
——化战略为行动
75年来最伟大的管理工具
——《哈佛商业评论》

KNOW CAN DO!
知道做到
如何将KNOW-HOW转化为你想要的结果
知道——学到你简单高效的方法
做到——得到你真心想要的目标

Trading with DiNapoli Levels:
The Practical Application of Fibonacci Analysis to Investment Markets
斐波纳契分析在投资市场中的实战应用
帝纳波利
点位交易法

真北
TRUE NORTH
125位全球顶尖领袖的领导力告白

《纽约时报》、亚马逊等图书排行榜冠军图书
2005年度亚马逊读者最喜爱的10本图书之一
美元的坠落
the demise of the dollar

第一本详解巴菲特"护城河"理论的书
巴菲特的护城河
寻找超额收益公司，构建股票首富城堡
Build wealth

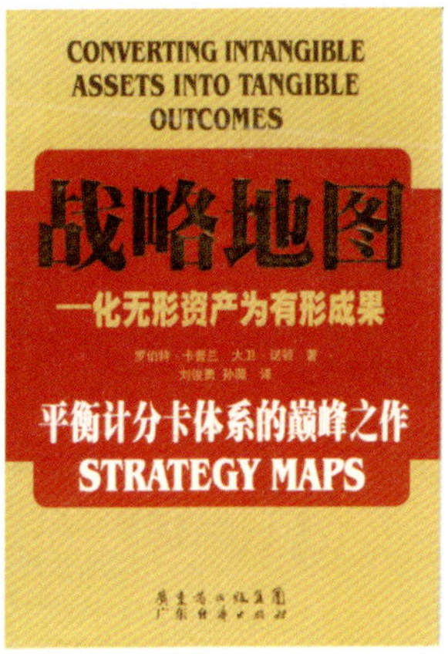

CONVERTING INTANGIBLE ASSETS INTO TANGIBLE OUTCOMES
战略地图
——化无形资产为有形成果
平衡计分卡体系的巅峰之作
STRATEGY MAPS

飞黄腾达
卡罗琳职场"学徒"法则
CAROLYN 101
Business Lessons from The Apprentice's Straight Shooter
一名餐厅服务员如何在八年里成长为全球500强最年轻最貌美的首席运营官

输出版图书

當螞蟻遇上大象
中小企業與弱勢品牌的致勝戰略
邱慶劍 著
Ants can move mountain

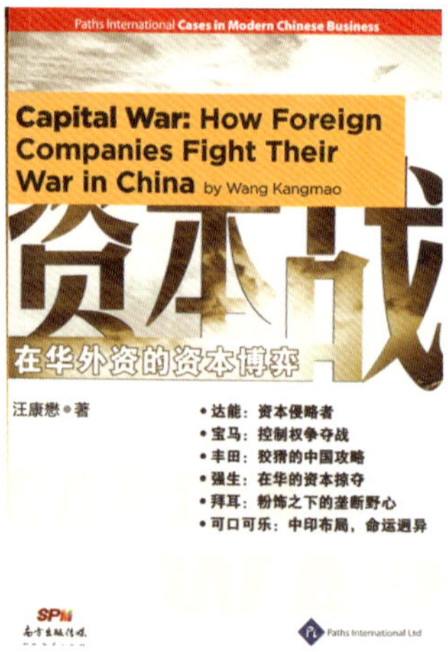
Paths International Cases in Modern Chinese Business
Capital War: How Foreign Companies Fight Their War in China by Wang Kangmao
资本战
在华外资的资本博弈
汪康懋 著
• 达能：资本侵略者
• 宝马：控制权争夺战
• 丰田：狡猾的中国攻略
• 强生：在华的资本掠夺
• 拜耳：粉饰之下的垄断野心
• 可口可乐：中印布局，命运迥异
SPM
Paths International Ltd

우화
경영을
만나다
Business Fable
컨설턴트 출신 경영자의 이유 있는 제안
대한민국 직장인, 우화에서 해답을 찾아라!

Paths International Cases in Modern Chinese Business
李敏 著
Live or Die: How Long Can Chinese Companies Live?
生与死
中国企业到底能活多久
Paths International Ltd

중국 시장가치 1위, 세계 3위의 기업
텐센트 제국에 관한 보고서
Tencent 腾讯
텐센트
인터넷 기업들의 미래
리커창의 '인터넷+' 전략을 이끄는 핵심기업, 텐센트!
중국인의 메신저에서 세계 1위의 인터넷 회사가 되다!

Paths International Cases in Modern Chinese Business
变困局局
Electrical Appliance Retailing in China: The GOME Story
李敏 著
国美变局
形显格危局局
成生败死睥抉间择
国国美美如志何样自突救围
SPM
Paths International Ltd

一代股神的股市投資心法
岑衛忠 著
江恩測市理論
Using Gann's Theory
引用中外股市實例
闡釋大師的經典理論
匯智出版

進軍中國股市
Step by Step
陳明賢 著
CHINA STOCKS MARKET
經濟一週

BỘ SÁCH ĐÀO TẠO NGHIỆP VỤ
Thực Tế, Hữu Dụng, Thực Hành, Hiệu Quả
Khiến Nhân Viên Của Bạn Học Nhanh Hơn Đối Thủ
LÀM THẾ NÀO LÀM TỐT
NHÂN VIÊN KHÁCH SẠN
CHỦ BIÊN: ZHAO XU NAN - BAO HONG TENG
BỘ SÁCH DỰA THEO
TIÊU CHUẨN MỚI NHẤT TRONG NGÀNH KHÁCH SẠN
NXB VĂN HÓA THÔNG TIN

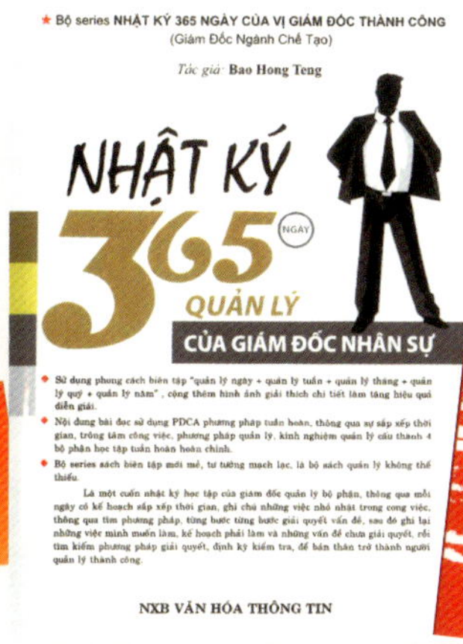
Bộ series NHẬT KÝ 365 NGÀY CỦA VỊ GIÁM ĐỐC THÀNH CÔNG
(Giám Đốc Ngành Chế Tạo)
Tác giả: Bao Hong Teng
NHẬT KÝ
365 NGÀY
QUẢN LÝ
CỦA GIÁM ĐỐC NHÂN SỰ
NXB VĂN HÓA THÔNG TIN

Paths International Cases in Modern Chinese Business
Providing Global IT Solutions
from China: The Huawei Story
华为四张脸
张贯京 著
海外创始人解密国际化中的华为
华为在搅动世界
Paths International Ltd

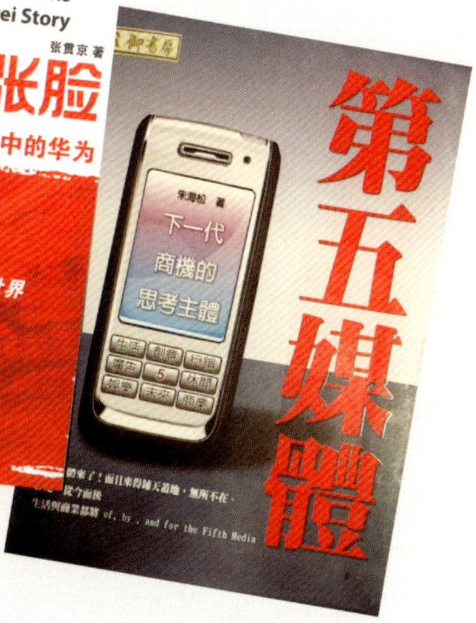
第五媒體
朱海松 著
下一代
商機的
思考主體
of, by, and for the Fifth Media

THE ECONOMIC
THEORY
OF DEVELOPING
COUNTRIES' RISE
Explaining the Myth
of Rapid Economic
Growth in China
YANGSHENG ZHONG
Translated by XIAOHUI WANG
and GUANGMIN HE

進軍
中國股市
Step by Step
陳明賢 著
CHINA
STOCKS
MARKET

都是美國惹的禍？
華爾街
颶風

BỘ SÁCH NÂNG CAO KỸ NĂNG VÀ PHÁT TRIỂN
TRONG NGÀNH KHÁCH SẠN
Series Ngữ Cảnh Khẩu Ngữ Tiếng Anh
GIÁO TRÌNH TẬP HUẤN CHỈ ĐỊNH CỦA NHIỀU KHÁCH SẠN
GIÁO TRÌNH TẬP HUẤN KỸ NĂNG CỦA NHÂN VIÊN Ở CÁC KHÂU TRONG KHÁCH SẠN
SÁCH THAM KHẢO CHO KỲ THI TƯ CÁCH NGÀNH NGHỀ KHÁCH SẠN
Chủ biên: - Zhi Hua Liang
- Li Jun Zhang
- Xiang Hui He
Phó chủ biên: - Yun Lin
- Jie Zhang
Tiếng Anh Khẩu Ngữ
TRONG PHÒNG KHÁCH SẠN
Oral English for Guest Rooms Service in Hotel
NXB VĂN HÓA THÔNG TIN

BỘ SÁCH NÂNG CAO KỸ NĂNG VÀ PHÁT TRIỂN
TRONG NGÀNH KHÁCH SẠN
Series Ngữ Cảnh Khẩu Ngữ Tiếng Anh
GIÁO TRÌNH TẬP HUẤN CHỈ ĐỊNH CỦA NHIỀU KHÁCH SẠN
GIÁO TRÌNH TẬP HUẤN KỸ NĂNG CỦA NHÂN VIÊN Ở CÁC KHÂU TRONG KHÁCH SẠN
SÁCH THAM KHẢO CHO KỲ THI TƯ CÁCH NGÀNH NGHỀ KHÁCH SẠN
Chủ biên: - Lin Peng
- Xiang Hui He
- Li Han
Tiếng Anh Khẩu Ngữ
TRONG QUẦY KHÁCH SẠN
Oral English for Front Desk Service in Hotel
NXB VĂN HÓA THÔNG TIN

学术图书

海上丝绸之路书系
The Maritime Silk Road Book Series
开拓篇
海上丝绸之路的研究开发
海上丝绸之路与海洋文化纵横谈
广东海上丝绸之路史
中国古代海上丝绸之路诗选

中央党校著名教授王东京经典之作
教你读懂
WESTERN ECONOMICS
西方经济学
通俗易懂，趣味横生，覆盖经济学重要原理
去粗取精，深入浅出，掌握经济学理论精华

人类行为的经
人类行为的经济学分析

广州十三行
明清300年艰难曲折的外贸之路

军事板块

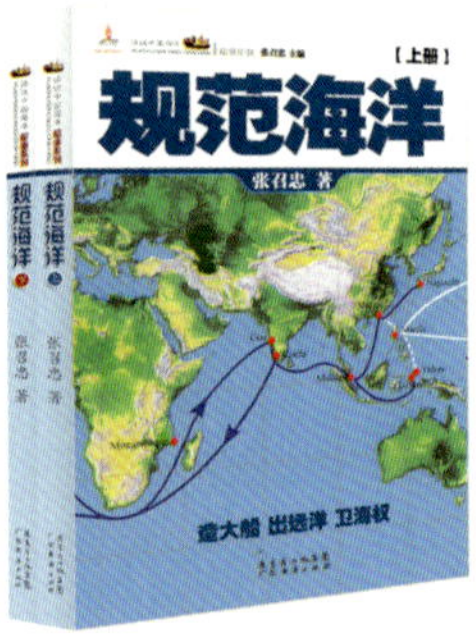
规范海洋
张召忠 著
造大船 出远洋 卫海权

走向深蓝
张召忠 著
张召忠将军扛鼎之作

百年航母
张召忠 著

解放军为什么能赢
写给新一代人看的军史
徐焰 著
徐焰少将最新力作

血火铸长城
徐焰 著
血火铸长城
写给新一代人看的抗战史

教辅图书

学考精练
化学
英语
数学
思想品德
历史
生物学
家校导学
小学课时南粤练案
数学
五年级·上册
（配北师大版）
六年级·上册
四年级·上册

名师金典
MINGSHI JINDIAN
暑假作业
SHUJIAZUOYE
高二·文科
SPM

快乐暑假
KUAI LE SHU JIA
合订本
七年级
八年级
快乐暑假
语文+数学+英语
五年级
四年级
三年级
SPM

中考解读
语文
SPM

名师金典
英语
历史

名师金典
新课标高考总复习
理科数学
文科数学
地理
英语
语文
生物

获奖人物

第一届广东省优秀出版奖优秀出版人奖 / 黄一霜

2014年“广东特支计划”青年文化英才　/ 王成刚

活动剪影

习近平总书记说："读书可以让人保持思想活力，让人得到智慧启发，让人滋养浩然之气。"二十年来，广东经济出版社一直以传播先进的思想文化、为读者提供智力支持和精神食粮为己任。为此，我们举办了无数场精彩的图书推介活动，参加了无数场大型书市，既向读者展示了自己的优秀图书，也在不断地向同行业优秀者学习……

2010年4月，在成都举办的“影响新中国60年经济建设的100位经济学家”主题沙龙活动中，股份公司董事长王桂科（右二）、总经理杜传贵（左一）与著名经济学家李晓西（左二）、林凌（左三）、张卓元（右三）合影

2009年全国书市，山东济南。姚丹林社长（左一）、黄尚立董事长（左二）向广东省副省长雷于蓝（右一）介绍展会情况

2009年11月，在北京举办“未来10年中国经济走向”高峰论坛

新书发布会、研讨会

1996年10月，《三巨人说（漫画本）》新书发布会

1997年9月，《农民道德歌》出版发行新闻发布会暨赠书仪式

1998年9月，“影响新中国经济建设的10本经济学著作”学术研讨会

2006年5月，在中山大学教授经理研究会之“信任创造绩效”管理论坛上，姚丹林副社长作为主讲嘉宾讲授《大雁的力量——信任创造绩效》中的管理知识

2007年1月，《中国南海海洋经济丛书》出版研讨会

2008年3月，《乐叔虾仔奀妹》新书发布研讨会

2009年6月，《〈珠江三角洲地区改革发展规划纲要〉学习丛书》首发式暨专家座谈会

王桂科董事长、姚丹林社长与著名经济学家吴敬琏合影

著名经济学家厉以宁在高峰论坛上发言

2009年11月，在北京举办"未来10年中国经济走向"高峰论坛

股份公司王桂科董事长、杜传贵总经理与著名经济学家张卓元合影

股份公司杜传贵总经理与著名经济学家吴敬琏合影

2010年4月，在成都举办“影响新中国60年经济建设的100位经济学家”主题沙龙活动

2010年1月，《高管全书》首发式暨经理人的修炼之道论坛

《高管全书》作者签名售书

与作者合影

广东海洋大学党委书记刘卫国接受广东经济出版社社长姚丹林代表广东省委组织部培训处赠送的《广东省加快转变经济发展方式干部培训系列读本》丛书

2010年，《广东省加快转变经济发展方式干部培训系列读本》首发式

2011年1月，《自主创新学习与实践丛书》座谈会

2014年1月，《中国南海文化研究丛书》学术研讨会

2014年7月23日，姚丹林社长与中改院迟福林院长就《纪念改革开放40周年回顾与展望丛书》策划事宜进行商谈

2015年5月，在北京召开《纪念改革开放40周年回顾与展望丛书》启动座谈会

念改革开放 40周年 回顾与展望丛书》
启动座谈会
南方出版
份有限公司
出版社
王一鸣
张卓元
高尚全
魏礼群
宋晓梧
隆国强

2015年11月，《海上丝绸之路研究书系》专家座谈会，广东省委宣传部副部长朱仲南、广东省人民政府参事室主任张小兰、广东省新闻出版广电局副局长钱永红、南方出版传媒股份有限公司总经理杜传贵莅临指导

2015年11月，《深化经济体制改革研究丛书》新书发布会，股份公司副总经理何祖敏与专家合影

2015年12月，广东经济出版社"十三五"发展规划及2016年度选题规划专家座谈会，广东省新闻出版广电局局长白洁、股份公司副总经理何祖敏到会指导工作

南国书香节活动

2011年南国书香节期间，我社举行《话说中国海洋》丛书首发式

《话说中国海洋》丛书军事板块主编张召忠发言

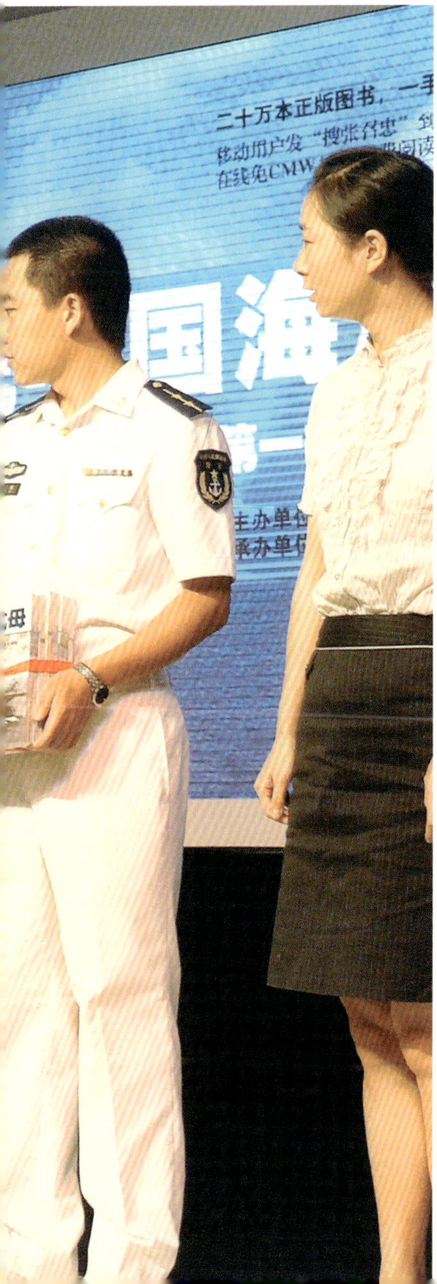

省委宣传部顾作义副部长、省新闻出版局杨以凯副局长、省出版集团王桂科董事长等有关领导参加《话说中国海洋》丛书赠书仪式

张召忠将军与广东卫视《全球零距离》主持人对话

2011年以来，《话说中国海洋》丛书军事板块主编、“海洋三部曲”——《走向深蓝》《百年航母》《规范海洋》作者、著名军事专家张召忠将军配合我社开展了一系列的全国巡回推介营销活动，几乎跑遍了大半个中国。广州、沈阳、南京、大连、成都、北京、银川、重庆、北京、西安、上海、清远、太原……无论在哪个城市，张召忠将军都赢得了军事迷们的热烈追捧。

张召忠将军与读者面对面

张召忠将军与大连
海事大学学生合影

张召忠将军为读者签名

SPM SOUTHERN 活动

2013年全国书市期间，徐焰将军与读者进行现场交流

2012年，在北京王府井新华书店举行《解放军为什么能赢——写给新一代人看的军史》首发式，著名军事专家乔良、李莉与作者徐焰将军一起跟读者进行互动

《解放军为什么能赢——写给新一代人看的军史》作者徐焰将军为读者签名

徐焰将军接受记者采访

2015年南国书香节期间，徐焰将军又推出另一力作《血火铸长城——写给新一代人看的抗战史》。图为徐焰将军在广州购书中心为读者解读抗战史

《恒大帝国之崛起》新书发布会

作者签售

“股民大讲堂”是我社在每年南国书香节中的保留节目，到2015年已经连续举办6次

姚丹林社长向巡场领导介绍我社图书

2015年南国书香节期间，我社重点图书展台

全国图书博览会

2002年初，北京订货会期间，我社参展图书受到读者的欢迎

毛世屏社长向王桂科董事长介绍我社新书

社领导合影

2003年，首届广州人文社会科学交流会

2004年全国书市（桂林）

2011年全国书博会（哈尔滨）

《与中国官员谈经济学》作者王东京教授主讲
“学习运用经济学与驾驭市场经济”

国际合作与交流

2014年，北京国际图书博览会期间，我社与英国尹泰乐联合有限公司签署战略合作协议，股份公司副总经理何祖敏参加了签约仪式

社庆巡礼

一年一度的社庆活动是广东经济出版社每年的保留节目。12月25日，正值西方的圣诞节，我们全社员工齐聚一堂，登山、聚餐，白云山、越秀山、凤凰山、帽峰山、王子山、西樵山……都留下了我们不断攀登的汗水和一路的欢声笑语。社庆活动不但锻炼了我们的身体，增强了全社员工的凝聚力，也展示了大家勇攀高峰的精神风貌。

万

2000年，白云山建社五周年合影

2002年，广东奥体中心

2005年，越秀山，建社十周年合影

2008年，白云山

2010年，东风公园
建社十五周年合影

2013年，西樵山

2011年，凤凰山

2014年，白云山

热烈庆祝广东经济出

成立20周

热烈庆祝广东经济出版社

2015年12月25日，二十周年社庆活动，省委宣传部副部长朱仲南、省新闻出版广电局副局长钱永红、省出版集团董事长王桂科、股份公司总经理杜传贵给经济社老员工颁发纪念品

我们的年度选题会

　　召开年度选题工作会议，制订年度出版计划，是出版单位贯彻党的出版方针、调整优化出版结构、提高出版物质量的重要保证。广东经济出版社的年度选题论证会通常在每年年底召开，同时召开当年的经济工作会议，既是对出版社本年度工作的总结，也是对下一年度工作的指导和展望，意义非常重大。

1997年度经济工作会议

1998年度选题论证会

1998年度选题论证会

2000年度年终总结大会

2001年度选题论证会

2003年度经济工作会议

2004年度选题论证会

广东经济出版社2007年度选题论证会

广东经济出版社2007年度选题论证

2007年度选题论证会，省出版集团原董事长黄尚立到会指导工作

广东经济出版社2009年度选题论证会暨发展创新研讨会
姚丹林
黄尚立
秦颖

广东经济出版社2009年度选题论证会暨发展创新研讨会

2009年度选题论证会暨发展创新研讨会

2013年度选题论证会暨经济工作会议

2015年度选题论证会暨经济工作会议

我们与作者

可以说，作者是出版社的衣食父母，没有优秀的作者，就没有优秀的书稿，也就没有出版社赖以生存的来源——优秀的图书。所以，打造优秀的作者队伍，搞好与作者的关系，是我们出版社编辑的重要工作之一。

1996年，《奇侠传奇》的作者与编辑们

2011年，南国书香节期间，社领导及相关工作人员与《话说中国海洋》丛书军事板块主编、《百年航母》作者张召忠将军合影

与张召忠将军愉快互动

社领导、编辑与《操盘学》《道破股市天机》系列图书作者伍朝辉（右二）合影

2015年，南国书香节期间，社领导及相关工作人员与《解放军为什么能赢——写给新一代人看的军史》《血火铸长城——写给新一代人看的抗战史》作者徐焰将军合影

李惠玉与《第五媒体》
《无线营销》作者朱海松合影

温键键与《国美变局》《生与死》
作者李敏及扮演孙中山的特型演员合影

《零售商食谱》的作者约翰·霍尔纳先生和译者罗卫平女士与社领导、责任编辑合影

社领导与《竞争力经济学》作者金碚合影

社领导与《影响新中国60年经济建设的100位经济学家》《十八大后十年的中国经济走向》主编张卓元合影

与《华为四张脸》一书作者张贯京（右三）在一起

企业文化活动

加强企业文化建设，增强凝聚力，做好对口扶贫工作，向贫困地区捐献精神文化产品——图书，是我们文化企业应该承担的社会责任。

第三次党员大会代表

2005年，社领导及全体党员到龙川县开展扶贫工作

2008年，社领导及全体党员到龙川县开展扶贫工作

参加活动的人员与扶
贫点的村民合影

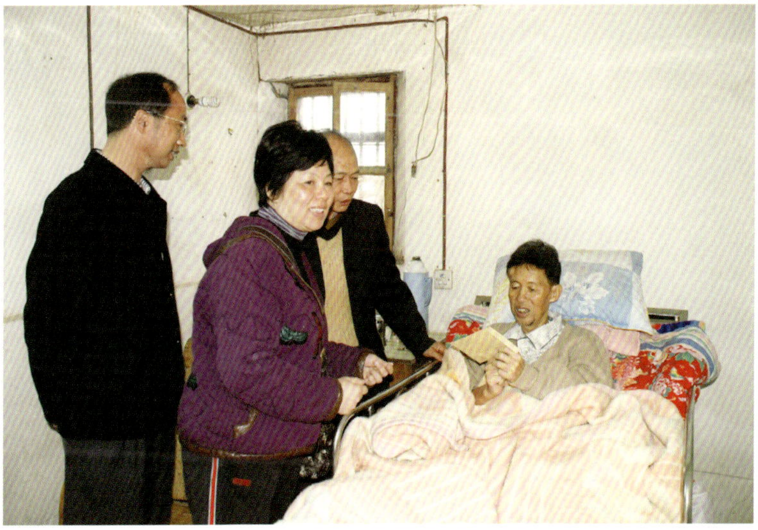

看望生病的村民

2001年，向佛冈县第一中学捐书

2004年，向广西荔浦县捐赠图书

2010年，向广西百色革命先烈祭奠，并向革命老区捐赠图书

2004年，向邓小平家乡四川省广安市图书馆捐赠图书获颁的荣誉证书

荣誉证书

广东经济出版社

为了纪念2004年8月22日邓小平百年诞辰，贵单位向小平家乡四川省广安市图书馆捐赠 图书187种258册。

谨此感谢

广安市图书馆
2004年8月22日

2010年，向广西百色革命老区捐赠图书获颁的荣誉证书

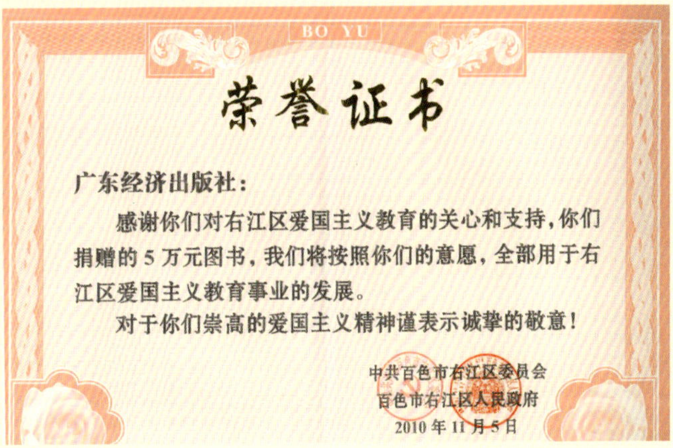

BO YU

荣誉证书

广东经济出版社：

感谢你们对右江区爱国主义教育的关心和支持，你们捐赠的5万元图书，我们将按照你们的意愿，全部用于右江区爱国主义教育事业的发展。

对于你们崇高的爱国主义精神谨表示诚挚的敬意！

中共百色市右江区委员会
百色市右江区人民政府
2010年11月5日

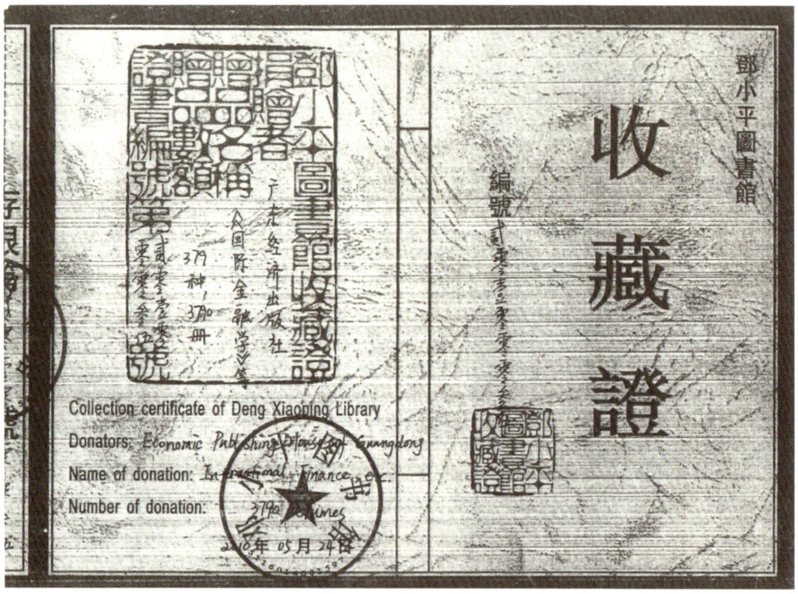

2010年，向邓小平图书馆捐赠图书获颁的收藏证和捐赠证书

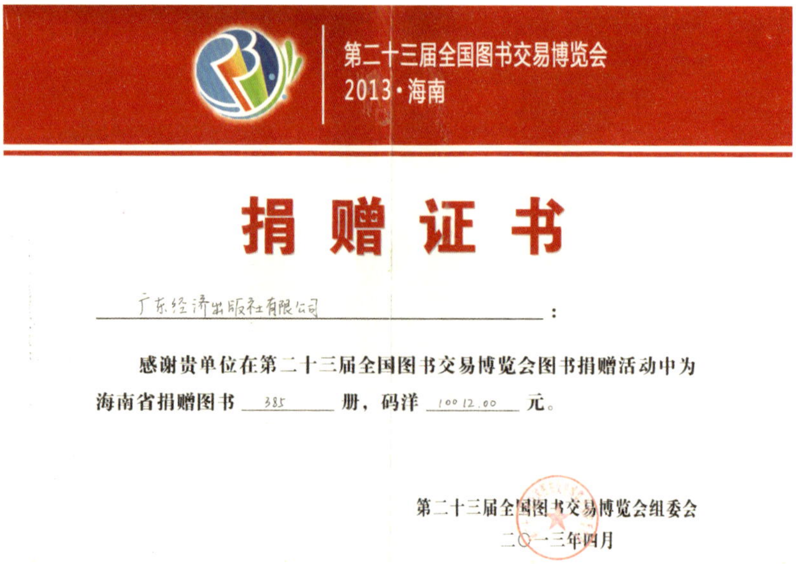
第二十三届全国图书交易博览会
2013·海南

捐赠证书

广东经济出版社有限公司：

感谢贵单位在第二十三届全国图书交易博览会图书捐赠活动中为海南省捐赠图书 385 册，码洋 10012.00 元。

第二十三届全国图书交易博览会组委会
二〇一三年四月

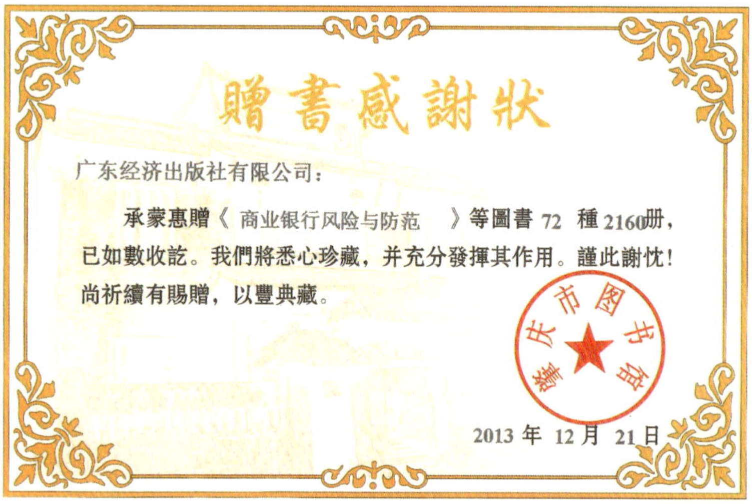
贈書感謝狀

广东经济出版社有限公司：

承蒙惠贈《 商业银行风险与防范 》等圖書 72 種 2160册，已如數收訖。我們將悉心珍藏，并充分發揮其作用。謹此謝忱！尚祈續有賜贈，以豐典藏。

肇庆市图书馆

2013 年 12月 21日

2013年，向全国图书交易博览会组委会、肇庆市图书馆捐赠图书获颁的感谢状

社庆征文

广东经济出版社二十岁啦！在这值得欢庆的日子里，广东经济出版社新老员工纷纷发表感言，诉说心里话，为出版社未来的发展献计献策，表达对出版社的真挚感情……

经济出版人赋

◎梁　烈

浩浩字符，奕奕书林，汇八方俊杰，纳四海英彦，居珠江之左，聚云山之南，乘治世而起，得财气而生。经济出版人栉风沐雨，劬劳奔波，光大学术，服务读者，独辟蹊径，殚精竭虑，接续书缘，砥砺前行——乙未金秋，谨撰赋文礼赞出版精神，礼赞经济出版人，并贺广东经济出版社廿载华诞。

仰穹苍，俯衢壤；抚长剑兮玉珥，璆锵鸣兮琳琅；书海扬波，滔滔不辞涓滴；书山凌霄，赫赫卷帙成峰。

壮哉经济出版人，黄卷青灯，尽展知识视域；传统与现代、人文与科学，拒绝平庸与低俗，让种种最优评选奖彼伏此起。

勇哉经济出版人，心平气和，作育人文素养；编书与做书、出书与销书，拒绝慵懒与浮躁，让式式伪书烂书榜形枯容槁。

谦谦乎哉经济出版人，选题策划不媚“俗”，营销策略不媚“市”。通晓全局、专精一门，既不枵腹充数于业界，又不塞耳自外于学林。众皆竞进以贪婪兮，吾独不向商业投降；羌内恕己以量人兮，亦无兴心做码洋俘虏。

盈盈大哉经济出版人，传播文化，引领时代；昌明思想，开启民智；型塑社会，化成天下。缱绻人文精神兮渊薮，氤氲出版生态兮和谐；登高致远，继往开来，同砺复兴志，共圆中国梦！

——撰于乙未金秋

良心、良知、良品

——感念广东经济出版社二十年

◎崔黎民

广东经济出版社二十岁了，这让人感到欢欣，就像你看到一个孩子从幼弱的童年终于长大成人，如今玉树临风，进入了风华正茂的青春期。他朝气蓬勃，生机盎然，充满了旺盛的生命力；他的内心满是美好的憧憬，他的眼中是广阔的道路、浩瀚的蓝天、海洋，等待他去驰骋、翱翔，扬帆远航。在我退休前三十年的编辑生涯里，差不多有一半的时光是伴随着广东经济出版社的成长一起度过的，从嗷嗷待哺的幼年到初露野性的生猛少年，如今他肌肉初现筋骨强健地成人了，也让我的内心有了一些期望和忧思：前面的路更长，我愿他一路走好；前面的诱惑更多，我愿他选对方向。

一个出版社和一个人一样，头脑决定行为，肢体运作行为，没有肢体的运动，头脑只能空想，而每个动作的成果都会使肢体更加丰满强健，行为能力更强，因为成果的营养润泽肢体，而不是只让支配的部位变得肥头大耳。所幸是我所见识的几届社长都还不是为官不仁、为人不善、食言自肥者，他们努力，殚精竭虑，集思广益，且思增加员工收益，这是这个出版社长大成人的重要一环。

一个出版社和一个人一样，青春期是决定价值观的重要时期，价值观决定选择的方向。一个好的出版社，所仰赖的是有那么一批有良心的员工，他们诚实地劳动，不会把未经自己劳动的产品推给社会；有一批有良心的编辑，会选择有良知的读物给读者，而不是教人欺诈、怂恿人冒险赌博的；有良心有良知就会有良品，才会有良好的口碑，成为良好的出版社。

一个出版社和一个人一样，当他面对现实的时候，他会考虑未来的发展、转型、创新，寻觅产业新的增长点，就一定会不断为出版良品补充血液和能量，让出版的生命力长久不衰，永葆青春。

我祝愿广东经济出版社成长为强者，成为良好出版社，一直地往前走。

关于互联网时代出版业编辑生存策略的两点思考

◎罗振文

在互联网时代，传统的出版业如何生存，这是每一个出版人都必须正视的问题。2015年4月，国家新闻出版广电总局、财政部发布了《关于推动传统出版和新兴出版融合发展的指导意见》，给我们指明了方向，那就是以先进信息技术为支撑、以内容建设为根本，充分运用新技术，创新出版方式、提高出版效能，进一步掌握网络空间话语权，进一步提高出版业的影响力、传播力和竞争实力，以谋求出版业快乐生存，并且更好更快发展。结合我们自己的实际情况，在这里抒发一点思考，一孔之见，权当笑谈。

思考一：立即放下身段，向互联网络拓展生存空间

进入21世纪以来，IT技术得到了迅猛的发展，彻底颠覆了传统的信息传播技术。信息传播的方式以互联网为主导的格局终将成为现实，移动互联网越来越深入细致全面地改变着人们的阅读方式和交流方式。这已经是一个不可逆的时代大趋势。身处互联网时代，传统出版业面临巨大的挑战，如何运用互联网思维变革传统出版，集合优质内容资源，加快出版转型与升级，推进传统出版和新兴出版融合发展，是每个出版人共同面对并应认真思考的问题。作为出版界从业者，我们应当立即放下身段，立即行动，向互联网拓展生存空间。

云时代下的云盘、云博、云播，你学会利用了吗?

移动互联网越发普及的背景下，你想过如何利用了吗?

大数据时代，你想过如何运用它们了吗?

物联网、智能城市、智能家居、智能……你想过如何利用了吗?

这一切彻底颠覆了和颠覆着我们的出版业，我们该如何应对呢?

思考二：坚持内容为王，在细分领域倾力打造核心业务

这年头，世界每天都在变而且是瞬息万变，谁也无力阻扰，作为出版者，我们能做到的就是努力改变自己去适应世界的变化。在互联网时代，传统出版业还能做什么呢？还能坚守什么呢？是内容。对于出版业来说，无论世界如何变，内容为王是永恒不变的。这就是传播业的实质，也是我们出版业赖以生存的核心要素。基于此，只要我们能够集合优质的内容资源，全力打造核心业务，就能够在互联网时代大有作为。这是我们的核心竞争力。

因此，在互联网时代，我们可以根据自己的特点，发挥自己的优势，积极关注读者的个性化需求，确定细分领域，集中优势资源，抓住核心需求做精做专做深做透。如果我们能够在某些细分领域独领风骚，那么我们就能够打造出自己的核心业务，赢得市场。

我在经济社的职业历程

◎温键键

我是2004年初到经济社工作的。记得入职前，我们经过了“面试”的考核程序。面试我们的考官是当时社领导班子的五员大将：毛社长，身材魁梧，声若洪钟，不怒而威；谭书记，身板壮实，神态轻松，却颇有威严；贺副书记，瘦长精干，黑发重髯；姚社长（那时是副社长），白面书生，是那天面试的主持者，认真而注重细节；当时负责招聘工作的杜副社长瘦高个子，说话很能抓重点与关键，办事雷厉风行……作为应试者，心情不免忐忑紧张。日后成为他们的下属，才知面试时这令人生畏的五大领导，其实都是心地良善、有悲悯同情之心的文化人。

于今，当时的五人领导班子早已更新换代：谭书记、毛社长都已退休；杜副社长已高升为股份公司总经理。姚社长担任了社里的一把手，贺书记接替了谭书记的位置。三位副社长黄一霜、黄少刚、杨芳，都曾是社里的中层骨干，都是经过严格的选拔考核提拔任命的。这些人事变化，回顾起来云淡风轻，在当时，桩桩件件，都曾在社内的圈子里激起过层层的涟漪，交织在荏苒岁月的经纬里……

刚入职时，社里给我们定的工资标准是2000元。即便在十年前，这个收入在广州也是较低的——当时餐饮业招聘服务员标明的月收入是1500元。此时我是个拖家带口的中年人，这样的收入水平，加上颇为严格的打卡考勤制度，工作的压力与难以预期的出版利润，确实是令人生畏与缺乏吸引力的。走还是留？我也有过动摇与退缩，凭借着对文化出版工作的热爱与对一份稳定工作的追求，我咬牙走过了艰难的入职之初，以积极进取的工作态度作出了我的主观努力。

能坚持下来的客观原因，在于社领导与各职能部门对我们的关心与帮助。经济社的历任社领导一直都保有着关心员工、体恤下属的人文情怀，对我们在工作与生活中遇到的各种问题都持宽容与帮助之心。我到经济社不久，在与当时负责党办工作的区姐聊天中谈起我希望加入党组织、在原单位曾提交申请还未能实现的心愿。区姐了解情况后，很快作出反应：让我重新提交申请。此后党组织安排我参加各种学习活动。2008年春，我正式成为中共预备党员，实现了我多年的心愿。更令我终生难忘的是，这个好消息竟是我带给疼爱我的父亲最后的一个喜讯：几天后父亲因心肌梗塞离开了人世，令我在万分悲痛中稍觉欣慰。

另一件令我印象深刻的事，是我在经济社参加了职称评定。2008年底我通过评审，晋升为副高职称——这个职称是在距我中级职称评定16年之后获得的，也是在原单位因为僧多粥少等种种原因一直难以了却的心愿。为了参评这个职称，我参加了几乎评职称能够涉及的所有考试，所耗费的时间与精力不忍细数。是经济社及其上级主管部门给予了我——一个成长中的编辑以客观公正的待遇，帮助我实现了作为专业人员一个微薄却执着的心愿，令我非常的感恩！2012年，我在副高职称的基础上，通过评审，顺利晋升编审职称，获得了专业领域的最高职称。对此，我的感激之情难以言表！我在第一时间告知了我已年近八旬但一直无私地支持着我工作的母亲，并在祭奠先人时，在父亲的墓前郑重地告知了与我们已阴阳相隔的父亲！

在此，我想表达的是我对经济社各位领导与曾经在工作与生活中给予过我关心与帮助的各位同事的感谢之情！我想，任何一个单位，在完成它的各种目标与使命的同时，能够具有凝聚力的关键在于，它能够令职工在努力工作的同时实现个人的成长，达成他们在社会生活中所保持的正当的心愿，这是任何流派的管理理论都无法回避的核心内容！回想起在入职经济社的初年，曾有一份年薪10万元的工作摆在我的面前，当时收入低微的我曾颇为犹豫，但在得知这份工作，只是按时按量完成任务，并无其他考量时，我坚决地回绝了。我说，经济社还在培养我，能给予我更大的舞台！于今，回顾我在经济社十余年的职业历程，我对当年的选择不但无怨无悔，且充满感恩与感激！

是的，经济社给予了我更大的舞台。我在这个舞台学到了很多东西。入职经济社之前，我已出版过近百万字的作品，也编写过经管类的专著。但我的着眼点大多局限于作者的角色，是经济社的领导与有经验的同事，教会我如何开发与寻找选题、卖点，如何找到有竞争力的作者。在经历了勤逛书店、拜读经管类的畅销书、夜与继日的苦苦思索与探寻后，我也出版了一些如《会计真账实操教程》等加印近十次、销量可观的经管专业类书籍。

经济社把我引领到了更广阔的天地。我的专业背景偏重于文学，对于经济学了解得不多。我是在工作中逐渐通晓了经济理论、经济管理、财会金融等相关的知识，发现此学科关系国计民生，既重要又实用。我的感悟——借用句粤语俗语来表达就是：“日后教子教孙都要学经济！”

这不是句玩笑话，有实例为证。记得当年入职面试时，社领导询问我的家庭情况，我回答说：孩子读初中二年级。这个当时读初中的孩子，如今已长大成人，今年完成了硕士的学业，正向博士学位进发。他在日本留学时的专业就是经济学。

感谢经济社给了我一片广阔的天地！

十年磨剑 不忘初心

◎张晓兰

转眼，在出版社工作已经十一年了。人说“十年磨一剑”，我也应该磨出一把剑了吧。十一年，我从一个初出校园的稚嫩姑娘成为一个7岁孩子的妈妈，从一位怯弱的职场“菜鸟”成长为一名职场“熟女”。

十一年前，研究生刚毕业，我一门心思想到出版社工作。一方面，因为学的就是编辑出版专业；另一方面，作为爱书之人，如果能够整日与书香为伴，能够把爱好当成一种工作又是一件何其幸运又幸福的事情！于是，毫无社会关系背景的我，背着行囊，从北京来到广州，一个个出版社去毛遂自荐，找人事部门没用，就直接找社领导。吃过不少闭门羹，也碰过不少壁，好在有缘来到了广东经济出版社。当时的毛世屏社长正在开会，我没有机会见到他，但是却在社长室门口遇见了热心的郭锷权老先生。郭老很热情地看了我的简历，毫不吝啬地夸奖了我，还亲自把我的简历拿给毛社长看。于是，我很顺利地接到了人事部门的面试和笔试通知。在此，我要对已在天堂的郭老表示衷心的感谢！

十一年来，我服从社领导的安排，先是从编辑岗位转到总编办，后又兼职负责教辅图书的出版，可以说，“哪里需要我，我就到哪里去”。虽然有时候会有些忙乱、有些迷茫，但是仔细想想，不管在哪个部门、哪个岗位，只要还能发挥自己的作用，体现自己的价值，又何尝不可呢？同时，也很感谢社领导、各部门主任对我的信任和支持，让我在广东经济出版社这个大家庭里感觉到很温暖，也让我很顺利地一步一步锻炼、成长。

著名作家六六在《写给岁月的感谢信》中说：“如果和11年前比较，我更喜欢现在的自己。原因是我的人生内容丰富了，虽然缺少了苹果一样的粉红脸蛋和杨柳细腰，还有小姑娘顾盼生辉的怯弱……我很喜欢现在的状态，随遇而安，遇事不急躁……”

我希望自己也能达到六六的这种状态：“随遇而安，遇事不急躁”。更重要的是，在这个浮躁的时代，不要因为走得太远，而忘了当初为什么要出发……

生命的重建

◎易　伦

参加工作二十二载，基本可以以十一年为一个界线——做会计十一年，搞出版十一年。

十一年的会计职业生涯，从会计员、主办会计、主管会计到财务经理，这一路算是“官运亨通”；搞出版十一年，从校对、文字编辑、助理编辑、编辑到副编审，这一路可以说是“一步一个脚印”。

之所以要用“生命的重建”这个标题，是因为十多年前，也就是我还在任财务经理的时候，我的生命中发生了一系列的意外，无论是职业生涯还是生命轨迹都发生了一百八十度的大逆转——我辞职离开了原来的事业单位，成为一名自由职业者。

很感激原来的社长毛世屏先生将我带入出版这一行业，他在我面前展开了一幅更加绚丽的职业图画。

十一年前，当走入出版这个大门时，我知道不再有回头路，我的生命必须重建，必须有一个新的开始，我不能再自怨自艾，不能再感叹生命的无奈，勇敢面对是我唯一的出路。

那时候，我和刚入职的八零后年轻人处在同一条起跑线上，没有可以炫耀的任何东西。之后，我以小学生的心态，努力学习一切能提高我业务水平的方方面面。原校对科科长孙力女士是我最初的老师，她不厌其烦，在业务上对我有非常大的帮助；校对科同事黄思健、谢日强、钟盛阳是我的老师，他们耐心指导我解决稿件难题；原编辑室主任翟晓侃是我的老师，使我快速成为一名合格的编辑；现任主任王成刚、李惠玉等都是我的老师，他们在业务拓展等方面为我提供了很多便利。特别是姚丹林社长，他的谆谆教诲如沐春风，他的鼓励和鞭策如一支支强心剂，使我在这条路上越走越稳、越走越远。

十一年来，我校对过的图书有几百种，担任责任编辑的图书也有两三百种，它们如点点繁星，装饰了出版社的橱窗，也装饰了我的职业梦想。

感谢有你，感谢有你们，生命因你们而更加精彩！

在广东经济出版社成立二十周年之际，谨以此文献给还在为出版事业默默奋斗的各位同仁！

海洋编辑室成长记

◎毛一飞

早在2009年，我社就出版了国家“十一五”重点图书规划项目——《中国南海海洋经济丛书》。2010年，姚丹林社长上任，他同样看到了海洋板块的重大发展机遇，为继续做大做强此板块，积极组织大家申请广东省委宣传部基金扶持计划。

申请之初，就遇到了作者匮乏、编辑队伍青黄不接、图书出版方向不明等瓶颈，但姚社长充分发挥了我社生猛的精神，有条件做，没条件创造条件也要做，于是抽调黄少刚、李树谋、张晓兰，还有我，组成策划项目组，于1月至9月期间，分别在北京、青岛、广州、湛江等地召开专家座谈会，对海洋相关的领域进行调研，同时对当时图书市场上的海洋类图书进行分析比较。最后决定出版《话说中国海洋》丛书，要把该套丛书打造成全方位多视角研究、介绍海洋经济、资源、地理、文化、军事等百科知识的学术性、专业性、应用性与普及性相结合的大型丛书，旨在强化国人的海洋观念，推动广东及至全国的海洋经济建设。同时，在内容上要化繁为简、化深为浅、化理论性为实操性、化晦涩难懂为生动有趣、化纯文字叙述为图文并茂。该套丛书的策划，契合了当时国家建立海洋强国的发展战略，受到省委宣传部、集团领导的高度重视和大力支持。

2010年9月，第七次丛书出版座谈会在湛江举办，我社相关人员随同省委宣传部副部长顾作义赴广东海洋大学对项目的实施进行座谈。该次座谈使项目的运作取得了阶段性的进展，基本确定了丛书的基本框架结构、主编人选、板块的分类、子书目的名称。当时，广东海洋大学的朱坚真校长以及作者人员，对该套丛书的出版热情高涨，鼓舞人心，让每一个人都看到了该套丛书顺利出版的曙光。

接下来比较棘手的就是项目的成本核算。项目的实际运作需要多少资金？申请多少资金？能批多少资金？资金如何使用？这些问题都需要慎重考虑。在时间紧迫的情况下，姚社长领导项目小组连夜研究具体事项。当晚，大家都各抒己见，对申请表的各部分各司其职，讨论直至深夜。最后，当一份完整的申请表填写完成之后，大家累到睡办公室。那晚我有没有睡着呢？已经不记得了，只记得小强在耳边吱吱作响。

功夫不负有心人，最终，在姚社长的带领下，我们成功申请到了2010年度广东省文化发展专项资金和之后的国家出版基金，并光荣地入选国家“十二五”出版规划。

但让大家万万没想到的是，在项目实际运作过程中，广东海洋大学的作者由于某些原因，全体解约，严重影响了丛书的出版进度。在大家都一筹莫展之际，姚社长当机立断，迅速与中山大学德高望重的黄伟宗教授联系，商讨解决事宜，在第一时间重新组建扩大了作者队伍，最终使出版计划得以顺利地继续进行。

2011年、2012年，海洋丛书陆续按计划推出产业系列、军事系列、文化系列。其中特别值得一提的是军事系列，我们有幸邀请到了著名军事评论家张召忠少将为我们写作，强势推出《百年航母》和《走向深蓝》。由于张召忠当时颇有名气，《百年航母》和《走向深蓝》又紧跟时政热点，一经推向市场，就被军迷们热情地追捧，销量达到几万册。还有同样是著名军事评论家的李杰，我有幸作为他编写的《海战将星》的责任编辑，更有幸在为此书作宣传的时候，与李杰老师一同走进了腾讯演播厅。那天的情景，我记忆犹新，当闪光灯亮起的时候，紧张与激动的心情却平静了下来，只为专注地介绍图书的出版情况和出版价值。直到现在，该段视频仍保留在腾讯网上，成为永久的印记。

2012年10月8日，“话说中国海洋编辑部”正式挂牌成立，周晶任负责人。自此，海洋板块作为我社的优势板块正式开始独立运作。我相信，海洋丛书大系在我室兢兢业业、辛勤劳作下定能得以不断地扩充壮大，并在社领导的引导与支持下，向着打造全方位多视角研究、介绍海洋的海洋百科知识全书迈进。

广经腾飞

◎周　俊

广集经世闻，

经传几代人。

腾龙庆廿载，

飞燕报喜来。

缘，妙不可言——我眼中的广经社

◎刘倩

了解广经社可以追溯到2008年，那时候因为做外贸书的缘故，要时刻关注同类书的市场动态，所以那几年便已对广经社有了一些了解，但却从未想到过会加入这个集体。

2014年，由于生活方面的原因，不得不离开北京来到广州。一个巧合，让我能够进入广经社工作，就这样真实地融入到曾经被视为对手的出版社。缘分，有时候就是这样奇妙。

用“大家庭”这个词形容广经社的工作氛围一点都不为过，领导的平易近人，同事们的亲切随和，让我这个初到异乡的人感到了温暖和踏实。庆幸自己的运气，也感恩与广经社的缘分，让我把这份工作当作广州这个城市送给我的大礼，要精心呵护、珍视爱惜。

转眼，我已经在广经社工作了一年有余，一切也都走上了健康的轨道。时间虽短，但我已经深深爱上了这个“大家庭”，对这里也有了不寻常的感情。中间，我也参与了出版社的一些重要活动和重点图书的编辑工作，感受到了同事们的专业和默契。尤其是今年纪念抗战胜利七十周年的主题出版物《血火铸长城——写给新一代人看的抗战史》，对进社时间这么短就可以参与重点出版物的编辑，是一个很好的学习机会。通过这本书的出版，我看到了广经社上下齐心、团结一致的工作态度，各个部门工作的衔接也非常地融洽，似乎社里所有人都在关注这本书，而不仅仅是某个人、某个部门的事情，完全没有斤斤计较个人得失的情况发生。这种和谐的气氛让我觉得舒服、温暖，工作热情也被激发了起来。

最兴奋的是，能够赶上我社二十周岁的生日。在这个盛大聚会即将到来之际，我也看到了全社上下的激动与喜悦。我很羡慕与广经社共经风雨二十载的领导和同事们，你们是出版社的功臣，正是因为有了你们的劳苦付出，才有今天广经社二十岁生日的华丽场面，才有今天广经社在图书市场上占据的一席之地，让我们这些新人得以沾光。希望广经社的下一个十年、二十年……我也可以自豪地说，为这个“大家庭”有过贡献。

我有幸可以在这里抒发一年多来内心的感受，除去感激还是感激。同时也真心地希望，广经的精神不灭，广经人的士气永远高涨。

风雨同舟，面向未来

◎陈　潜

荏苒二十年，弹指一挥间。在不经意中广东经济出版社已经走过二十年华，作为社里的一员，我由衷地感到骄傲。

2014年，大学毕业的我来到广东经济出版社，到现在已经一年多了。作为见证我社发展的一员，我感到高兴，是广东经济出版社赋予我经历了人生的这一段学习进步的机会。这一年是我社飞速发展的一年，也是我学习提高的一年。在入职初期，领导的关怀和同事们的热情帮助让我迅速融入工作中，也慢慢适应了工作的节奏。在这里，你可以看到每个人忙碌的身影，可以看到同事们脸上带着欢乐的微笑。在这里，领导像长辈一样对我的工作予以指导和关心，而同事们则更是相互帮助、积极友爱。在广东经济出版社工作和生活的点点滴滴中，我深刻体会到"广经出版，求真务实"的出版理念。

秉承这样的出版理念，我社近些年坚持出版了一批思想性、知识性、实用性俱佳的高品位优秀经济读物，满足了读者各方面的精神需求，受到了社会各界的广泛好评。作为一个广经人，我感到深深的自豪与骄傲。

如果说经济社是一栋大楼的话，那么每个部门就是一间间房子，每个员工就是一砖一瓦，缺一不可。在互联网经济发展迅猛的今天，我所属的网络直销部虽然刚成立不久，像襁褓里的婴儿还处在成长阶段，目前所取得的成绩还非常少，但我相信，凭借我社领导的大力支持和同事们的共同努力，假以时日，网络直销部会在未来的日子里茁壮成长，为广东经济出版社的腾飞保驾护航！

梦想的力量往往令人惊叹，而现今，社里所取得的成绩之所以让外人惊叹就是靠社领导和广大员工为梦想而不懈奋斗的力量。回首这些年，我们经济社满怀激情，用深情和汗水书写我们激昂的青春，将执着和努力挥洒在平凡的岗位上。二十个春夏与秋冬见证了经济社的茁壮成长。我相信二十年磨一剑，蓄以待发，我们的人生舞台会因为我们自己的努力奋斗而更美好，更绚丽多彩。

之后的工作还有很多，明天是什么，明天的明天是什么，我们都无从所知，也无从把握，但是我们可以为创造更辉煌的明天把握好今天。

广经人风雨同舟二十年，我们已经不再脆弱，留下的只有刚强，我们不再迷茫，眼神中充满了坚毅的目光，我们的梦想不再遥远，而是要开始飞翔……

历届领导班子

从1995年到2015年，广东经济出版社共经历了三届领导班子。在他们的带领下，出版社披荆斩棘，蒸蒸日上，持续发展壮大……

第一届领导班子

庄昭
社长、党委书记

（1996年1月至1998年9月）

姜正豪
副社长

（1996年10月至2001年11月）

丘克军
副社长

（1996年1月至1998年9月）

张文
副社长

（1996年1月至1997年6月）

谭立生
专职党委副书记

（1997年10月至2006年8月）

戈晓宇
副社长

（1996年10月至1998年7月）

备注：照片下面为任职时间

第二届领导班子

毛世屏

社长、党委书记

（1998年9月至2008年3月）

丘克军

总编辑

（1998年9月至2001年12月）

谭立生

专职党委副书记

（1997年10月至2006年8月）

姜正豪

副社长

（1996年10月至2001年11月）

备注：照片下面为任职时间

姚丹林 副社长

（2001年6月至2008年5月）

贺洪初 副社长

（2002年12月至2006年8月）

杜传贵 副社长

（2002年12月至2004年12月）

孙泽军 副社长

（2006年8月至2010年11月）

黄一霜 副社长

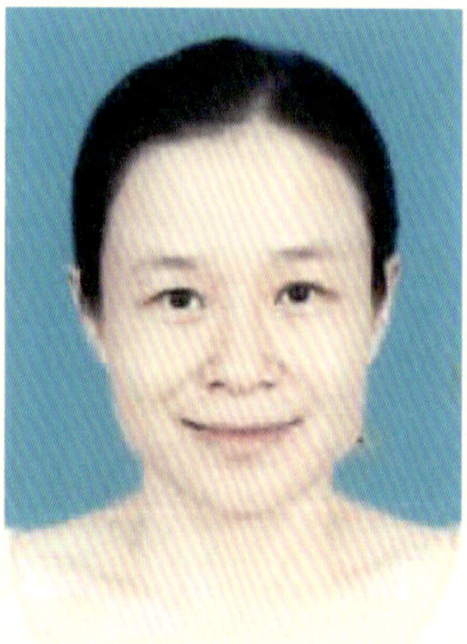

（2006年8月至今）

备注：照片下面为任职时间

现任领导班子

姚丹林

社长、党委书记

（2008年5月至今）

贺洪初

专职党委副书记

（2006年8月至今）

黄一霜

副社长

（2006年8月至今）

黄少刚

副社长

（2008年10月至今）

杨　芳

副社长

（2012年11月至今）

备注：照片下面为任职时间

从经济社走出去的领导

作为全国第一经济大省创办的经济类出版社，伴随中国经济高速发展走过了二十年的光辉历程。不忘初心，方得始终。期待广东经济出版社拥有更加光辉出彩的未来。

——南方报业传媒集团党委副书记、管委会副主任，
广东省新闻学会副会长，南方传媒学院副院长　丘克军

祝广东经济出版社不断进步，蒸蒸日上！

——广东新世纪出版社社长　孙泽军

群英荟萃风雨兼程20年打造南方经管名社

海纳百川锐意创新再展宏图彰显文化担当

——广东人民出版社社长　曾　莹

祝贺广东经济出版社成立二十周年

在经济社工作的日子是人生的重要阶段和愉快时光，能为广经品牌塑造略尽绵薄之力是我一生的荣幸！真诚祝愿经济社百尺竿头再续华章！

——广东新华印刷有限公司党委书记、董事长、总经理　王俊

坚守、坚韧，专业、专注，为中国经济助推。

——祝贺广东经济出版社成立二十周年

广东教育出版社党委副书记、副总编　李远谋

投身你的初创，见证你的辉煌，编写我职业生涯美好回忆！八载书卷劳形，陶醉精品书香，至今为曾是出版人而自豪！缘于你，祝福你！

——广州城市更新局机关党委专职副书记　陈剑娜

精彩回眸

“生猛、落力、搞掂”是广东经济出版社的企业文化，体现了广经社员工团结奋进、积极向上的精神。在每一次集体活动中，在每一届运动会上，都留下了广经社员工活泼、潇洒的身影……

广东
GUANGDONG ECO

出版社

LISHING HOUSE CO.,LTD

2000年，部分人员合影

2000年，发行部人员合影

2000年，《汽车与你》杂志社人员合影

1999年，出版局文艺汇演，我社荣获二等奖

2001年，攀登武夷山

2003年，党员活动

2004年，贺山

2005年十周年社庆，麓湖

2006年，三八节活动

2006年，新疆

2010年三八节活动，三清山

2010年党员活动，德天大瀑布

2011年三八节活动，黄果树大瀑布

百色起义纪念

2009年团员活动，华南植物园拓展训练

2010年党员活动，参观百色起义纪念馆

2005年，我社广播体操在集团运动会中荣获第一名

2000年，姚丹林在省新闻出版局系统第五届乒乓球锦标赛中荣获团体第四名

趣味运动会

2008年，我社员工参加太极拳比赛，在集团运动会中荣获第一名

2001年，大合唱

井冈山合影

运动会上获得的奖杯

离退休员工风采

退休人员合影

退休人员合影

2000年，退休人员合影

2003年，退休人员合影

2004年，退休人员合影

2010年重阳节，离退休老干部在南华寺前合影

2012年，新春团拜会上，老干齐聚首

2015年9月，在股份公司举办的庆祝抗战胜利70周年座谈会上，我社离休老干宋忠秀代表发言

2015年9月，在退休人员座谈会上，姚丹林社长与老员工亲切握手

广东经济出版社简介

广东经济出版社于1995年12月25日经国家新闻出版总署批准成立，是一家经济类专业出版社，主营经济类图书，兼营教育类、科普类图书和期刊的出版、发行。

成立以后紧紧依托广东作为改革开放前沿阵地、经济强省、制造业大省所形成的各种资源优势，策划出版了一批又一批具有岭南特色的“广味”经管图书，打造了工厂管理、实用会计、金融证券、投资理财等多个强势板块，并形成了“实际、实用、实操、实效”的品牌特色，赢得了“广经图书，惟实致用”的口碑。

近年来，按照“一个中心，两个方针”“务实求精、品牌至上”的发展理念，大力拓展了教育产品业务，打造了主题出版的优势板块，形成了内容生产全面发展的良好局面。

目前在职员工72人，其中，拥有高级职称11人，中级职称17人，初级职称18人。设有：办公室、行政部、财务部、总编办、出版制作部、图书营销中心、网络直销部、综合编辑室、区域经济编辑室、企业管理编辑一室、企业管理编辑二室、对外经济编辑室、投资理财编辑室、经济理论编辑室、文化读物编辑室、金融编辑室、第一教材教辅研发中心、第二教材教辅研发中心、编审室、校对室等20个科室，及《汽车与你》杂志社、《万家科学画报》杂志社两家子公司。年出书品种1200余种，年造货码洋达2.3亿元，在全国财经界、出版界及广大读者心中具有一定的影响力和知名度。

地　　址：广东省广州市越秀区水荫路11号11-12楼

联系电话：020-37603025，020-38306055

网　　址：http://www.gebook.com

邮　　箱：gdeph@163.com

微信公众号：gdjjcbs

Guangdong Economy Publishing House: A Brief Introduction

The Guangdong Economy Publishing House was established under the approval of the General Administration of Press and Publication on the 25th December 1995. The publishing house publishes and distributes books and journals in popular science and education materials and specializes in publishing and distributing books in economics.

Guandong Economy Publishing House has the advantage of drawing upon the abundant resources from the Guangdong province, which is at the forefront of the reform and opening-up policy. In light of Guandong province being the economic heavyweight and manufacturing powerhouse in China, the publishing house has planned and published an array of titles in the categories of economics and management, and infused with them the Cantonese and South China culture. Our competitive edge is developed by releasing books from a broad spectrum including: plant management, accounting practices, financial securities, and investment. The effect is to form a brand feature as "practical, functional, applicable, and effective", and receive acclaim for the practical applications of our publications.

In recent years, in accordance with the development concept of "one center, two principles", "practically strive for excellence and keep brand first", Guangdong Economy Publishing House has dramatically developed the education products business, while created the superiority in thematic section, and formed the good situation of the comprehensive development of content production.

The publishing house employs 72 active staff, with 11 employees holding senior professional titles, 17 having intermediate professional titles, and 18 junior titles. About 20 departments are set up: the main office, administration department, finance department, chief editor office, publishing and producing department, book marketing centre, online direct sales department, comprehensive editorial office, regional economy editorial office, 1st business management editorial office, 2nd business management editorial office, foreign economy editorial office, investment editorial office, investment theory editorial office, literature editorial office, finance editorial office, 1st textbooks and supporting materials research centre, 2nd textbooks and supporting materials research centre, editing and reviewing office, and proofreading office. We have 2 associated companies: the Automobile and You magazine and the TechMAG magazine. The publishing house releases approximately 1200 titles in various categories every year, with a total price volume reaching ￥230 million. It has established a firm reputation and has an influence within the press and finance community, and readers across the country.

Address: Floor 11-12, 11 Shuiyin Rd, Yuexiu District, Guangzhou, P.R.China
Tel: 020-37603025, 020-38306055
Website: http://www.gebook.com
Email: gdeph@163.com
WeChat account: gdjjcbs

《汽车与你》简介

《汽车与你》杂志创刊于1994年，当时名为《车主世界》，是中国第一本全彩色的汽车月刊，也是一本最早与国际接轨并深谙中国市场的消费类汽车杂志。1999年，更名为《汽车与你》。

经过近二十年的发展与多渠道的发行，《汽车与你》发行渠道遍布全国各地，并拥有一批忠实的读者。多次第三方调查显示，《汽车与你》读者的忠诚度、个人收入、文化层次明显高于同类杂志，多数读者是因为我们报道的专业性与可读性、资讯的及时与深度、版面的清爽与美感而被吸引。尤其是《汽车与你》每年的专题测试，如一年

2016
十大好车
Ten Best Car
2016十大好车颁奖盛典
2016十大好车
颁奖盛典

校外实习基地
TechMAG

一度在珠海国际赛道进行的“弯路王”、在广州凤凰山林场举行的“越野王”、在广东国际赛车场举行的“动力王”以及“MPV王”等王牌专题。

《汽车与你》一直坚持原创，坚持高品质，倡导与你同行的汽车生活方式，受到国内汽车消费者和车主的好评，是一本兼美学、资讯、消费指导为一体的专业期刊。

《汽车与你》有编辑、记者15人，是一支干练、精英荟萃的团队，在行业内享有良好口碑。

《万家科学画报》简介

《万家科学画报》创刊于2000年，内容以最新数码及生活潮流为主，首创科技与生活、与时尚、与潮流之间的空间和平台，追求资讯与全球同步，以科技引领生活品质为宗旨，给消费者更多直接的购物指导。

《万家科学画报》是中国第一本潮流数码生活杂志，以时尚、专业、前瞻编辑理念介绍国内外最新HI Tech数码产品，如掌上电脑、笔记本电脑、数码相机、数码摄像机、潮流生活方式、最新时尚产品、HI FI及AV音响等。杂志将枯燥的电子产品与最新潮流态度互动，从而使数码产品更具人性化。

《万家科学画报》有采编团队8人，他们熟悉时尚、数码的潮流，是一支年轻、活跃、有创造精神的团队。

广东经济出版社
GUANGDONG ECONOMY PUBLISHING HOUSE CO.,LTD